短時間でできる！

いつでもどこでも
保健の指導

中学校・特別支援学校・
高等学校・小中学校連携 編

　この本は、「いつでもどこでも保健の指導 小学校編 Vol.1-2」の続編として作成いたしました。今回は、中学校、特別支援学校の実践を柱として、高等学校や小中学校連携の実践まで幅広く紹介しています。

　新型コロナウイルス感染症の流行によって、新しく生み出された生活様式は学校生活を変容させました。養護教諭の先生方は、感染症対策を常に念頭におき、教育方法を模索しながら、子どもたちの健康課題に取り組んでおられると思います。本書は、そのような困難な状況の中でも、子どもたちの心に届く保健指導に取り組んでこられた養護教諭たちの珠玉の実践集となりました。

　執筆者は、熊本と京都の養護教諭の方々です。熊本大学での研究を通じて関わりのある養護教諭や京都の仲間に執筆していただきました。いずれも、実際に子どもたちに指導した実践であり、その指導の魅力的なところを残しながら、コンパクトに執筆していただいております。

　目次では、保健指導の対象を集団や個別等に分けていますが、保健教育にとどまらず健康相談やあらゆる場面での保健指導に活かすことができます。特に中学生に対しては、自己管理能力を培うような働きかけを重視しました。汎用性の高い内容ですので、多様な機会にご活用いただければと思います。また、特別支援学校の実践は、校種を問わず活用することができる内容といえます。例えば、月経や精通、体重管理に関する指導などは、小学生の指導にも活かせる内容となっています。

　さらに、19 本ものパワーポイントを収載していることが大きな特徴です。養護教諭はもちろん、HR 担任の先生、保健体育科の先生方にも活用していただけるテーマを盛り沢山に詰め込んだ、欲張りな 1 冊となりました。養護教諭の先生からの資料提供を、きっと喜んで受け止めていただけることでしょう。

本書の特徴

①中学校、特別支援学校の実践を柱として、高等学校や小中学校連携の実践まで幅広い内容を取り上げています。

②中学校の内容は、高等学校でも指導できる内容となっています。

③非常に多くのパワーポイントを用意しています。いずれも学校実態に合わせて修正することができます。

④保健指導を集団と個別等に分けて表記していますが、子どもたちの実態に合わせて臨機応変に活用できます。

　公務ご多忙な皆様の手元に置いていただき、急な依頼にも応えられる、頼りになる 1 冊となることを願っております。

　2023 年 3 月吉日　　　　　　　　　　　　　　　　　　熊本大学養護教諭特別別科

　　　　　　　　　　　　　　　　　　　　　　　　　　　　　　久保昌子

Contents

リフレーミングで自己肯定感アップ

指導のポイント

・日頃自分が長所・短所だと感じていることについて振り返る
・リフレーミングで見方・捉え方を変えてみよう

準備するもの　　ワークシート

指導の実際

1）日頃自分が長所・短所だと感じていることについて振り返る

　あなたがいつも感じている、自分の長所や短所はどんなところですか？　ワークシートに、それぞれ1つだけ、書いてみましょう。

教 材　ワークシートを活用する。

> 何でも長続きしない、飽きっぽいところかな…。
> 短所はすぐ出てくるけど、長所は思いつかないなぁ…。

> 自分ではこう思うけれど、違うかもしれない。

　自分のことを客観的に見るのは大人でもなかなか難しいです。ここでは、周りがどう思うとかではなく、小さい頃からこんなふうに言われることが多いなぁとか、自分がひそかに思っていることでもいいですよ。
　自分の感じ方、考え方は、そのときに経験したことや状況で変わるものです。

2）リフレーミングで見方・捉え方を変えてみよう

　　自分の名前と、長所、短所だと感じていることを書いたら、半分に折ってください。では、今から、「リフレーミング」をしてもらいたいと思います。

　　リフレーミングとは、枠（フレーム）を変えてみる、ということです。日常の出来事や体験とその解釈は人それぞれです。

　　例えば、雨が降ったという事実があるとします。これに対し、「外に出かけるのが億劫だ」と気分が沈む人もいれば、日照りが続く地域では、「雨のめぐみだ」とほっとする人もいます。今起こっていることを否定的に捉えることも、肯定的に捉えることも、その人次第です。リフレーミングは、否定も肯定も、これが正解とか間違いとか関係なく、これまでの見方や考え方の幅を少し広げてくれる方法の１つです。

　　しかし、人には先入観やいつもの考え方のくせがあり、自分で見方を変えることはなかなか難しいことが多いので、今回は友だちの力を借りたいと思います。

　　隣の人は、相手が短所だと感じていることをリフレーミングして、ポジティブな表現に変えてあげましょう。大切なのは、相手のことを考えて、一生懸命考えてあげることです。

　　言い換えが思いつかないときは、いろんな人からアイデアをもらって、一緒に考えていきましょう。

＋hint!＊ 参考になる本などを紹介するとよいでしょう。

養護教諭の指導への思い

　中学生になると少しずつ自分を客観視できるようになりますが、中には自分の短所ばかり気にして自信を失っている生徒もいます。他者との関わりでポジティブな見方を増やし、自己肯定感を高めてほしいと思います。

食物アレルギーの理解と対応

準備するもの 🔵 パワーポイント

指導の実際

1）食物アレルギーについて理解する

みなさんは、食べ物のアレルギーについて知っていますか？

> 牛乳を飲むとお腹が痛くなることがある。
> パイナップルで唇がかゆくなったことがある。

　みなさんの体には、食べ物を異物ではなく、栄養として吸収する免疫システムが備わっていますが、うまく働かない場合や、小さい子どものように消化吸収の機能が未熟な場合は、食べ物を異物と認識して排除しようとする反応が起こることがあり、これを食物アレルギーと呼んでいます。

　原因となる食べ物は人によってさまざまですが、中には「アナフィラキシーショック」といって、いのちに関わる症状が出る場合もあります。これまでアレルギーという診断がなかった人でも、起こす場合がありますので、ぜひみなさんに対応を知っておいてほしいと思います。

　もし、食べ物を食べた後や、食べ物を食べて運動をした後などに、かゆみや息苦しさ、気持ち悪さなど、いつもと違う症状を感じたら、すぐに周りの大人に知らせてください。アレルギーと診断されていて、症状が出たときに飲む薬があれば、すぐに飲みましょう。気分が悪くなったり息苦しさを感じたりしたら、無理に動かずに、周りの人に助けを求めてください。

　まれに、「アナフィラキシーショック」という激しい症状を起こすこともあります。呼吸が困難になったり、血圧が低下して気分が悪くなったり、最悪の場合

は意識がもうろうとすることがありますので、すぐに対処が必要です。

　アレルギーの診断を受けていて、この症状が起こるかもしれない人は、エピペン® という注射を持っていることがあります。この注射を太ももに打つと、症状が一時的に改善します。でも、その後、病院で必要な処置をしたり経過をみたりしないといけませんので、救急車も同時に呼びます。

　もし、アナフィラキシーの症状が起こったり、友だちなどが起こしたのを見たりしたときは、このような対処が必要です。
　無理に上半身を起こしたり動かしたりせず、安全な場所で安静にしておきましょう。エピペン® の注射は、基本的に本人や大人がします。みなさんは、落ち着いてすぐに周りに知らせてください。

教材　パワーポイント教材を活用する。

２）アナフィラキシーショックなど、いのちに関わる症状の予防のために
　一人一人ができることを考える

　みなさんが予防のためにできる大切なことがいくつかあります。
　まず、アレルギーのある人は、自分がアレルギーを起こす食べ物をしっかり覚えておきましょう。また、エピペン® や薬を処方されていたら、いつも持っておいて、いつもいる友だちなどに持っている場所を知らせておきましょう。
　周りの人は、友だちがアレルギーを起こす可能性があることを知ったら、もし起きた場合の対応を聞いて確認しておくと安心です。エピペン® を処方されている友だちがいたら、いつも持っている場所を知っておくと、いざというときに対応する人が助かります。
　また、アレルギーは触れることで起こる場合もありますので、さまざまな活動で気を配ってあげましょう。休日に一緒に遊びに行って食事などをするときも、確認してあげると安心です。苦手なものを無理強いすると、遠慮して断れない場合もありますので、注意してください。

最後に、普段は何もなくても、運動すると症状が出るものもあります。これは、アレルギーの診断を受けていない人が起こることが多いそうです。誰でも、食後すぐの運動は避けることと、運動をして友だちの様子がいつもと違うときは、すぐに大人に知らせてください。

　人にとって、食べることは、生きることです。アレルギーのある人は、食べ物にいつも注意して、気を遣いながら生きています。ぜひ周りの人も、正しく理解して、協力してあげてください。そして、アレルギーのある人も、専門のお医者さんに相談しながらうまくつきあっていってほしいと思います。

教材 パワーポイント教材を活用する。

養護教諭の指導への思い

　食物アレルギーを持つ生徒とその保護者は、小さい頃から食べ物に気を遣いながら生活しています。医師や保護者、本人とよく話し合い対応することはもちろんですが、いのちを守るためには、いつも学校で一緒に生活している職員や生徒の理解を促すことも重要だと考えています。

<table>
<tr><td>中学校
・集団</td><td>身長を伸ばすコツ</td></tr>
</table>

指導のポイント

・思春期の身長の伸び方の特徴を知る
・骨の成長に必要な生活習慣を知り、健康な生活に活かすとともに、個々の成長を楽しむ

準備するもの　パワーポイント

指導の実際

1）思春期の身長の伸び方の特徴を知る

思春期に自分の身長がどんなふうに伸びていくか知っていますか？

教材　パワーポイント教材を活用する。

　遺伝的な要素もあって、個人差が大きいですが、一般的な日本人の成長期のピーク（成長スパート）は、男子がだいたい 13 歳、女子が 11 歳と言われています。身長、体重などのデータから、個人の成長曲線をみることが大切だと言われています。

　最近身長が急に伸びたと感じることがありませんでしたか？

> まだまだ、もっと伸びてほしいなぁ。

　一般的に男子は女子よりも成長スパートが遅いので、中学3年くらいから高校にかけて急に伸びることもあります。

　みなさんの身長が伸びるのは、骨の両端部分の「骨端線」や「成長線」と呼ばれる軟骨でつくられた箇所が伸びるためです。でも、この軟骨部分はある一定の年齢になるとなくなってしまい、骨は伸びなくなります。だから、今の時期にしっかり栄養や睡眠をとったり、運動をしたりして、骨の成長を促すことが必要です。

◆hint!◆ パワーポイント教材を配付資料として活用してもよいです。

２）骨の成長に必要な生活習慣を知り、健康な生活に活かすとともに、個々の成長を楽しむ

教材 パワーポイント教材を活用する。

牛乳をたくさん飲むようにしているよ！

　カルシウムが骨の成長によいことを知っていますね。カルシウムは確かに骨を強くしますが、実はカルシウムをたくさんとるだけでは、骨にはあまり吸収されません。逆にとりすぎると骨端線が閉じるのを早めてよくないと言われています。特に、サプリメントはとりすぎることが多いので、注意してください。

　骨の成長には、カルシウムだけでなく、肉や魚、卵などの良質なタンパク質、必須アミノ酸が必要です。バランスよく栄養をとる食生活を心がけましょう。
　また、成長ホルモンが多く分泌されるのは、睡眠時と運動時です。走ったり跳んだりと身体を動かすことで、物理的な刺激が骨端線に伝わって、その影響で軟骨が増えていきます。そして、寝る子は育つということわざがありますが、睡眠中に成長ホルモンが多く分泌されることがわかっています。夜はぐっすりと眠り、質のよい睡眠をとることが大切です。
　身長を伸ばすことも大切ですが、成長のスピードは一人一人違います。背が高い方がメリットが多いなんてことはありません。極端に自分の成長曲線から外れると、脳やホルモン分泌の異常などの病気が見つかる場合もあります。
　今は自分の身体をバランスよく成長させ変化をしっかり見ていくことが、将来の健康につながります。たとえ成長が誰かと比べて少し遅くても、あまり気にせず、それぞれの成長を楽しんでください。

養護教諭の指導への思い

　中学校では、保健室へ身長を測りにくる生徒がよくいます。測定しながら、自分の成長で心配していることや日頃の悩みを話していくのが日課になっている生徒もいます。成長を前向きに捉えることができるような言葉かけで、少しでも生徒たちの自己肯定感を育てていきたいものです。

中学校・集団	生活リズム調整のポイント

指導のポイント

・生活リズムの調整に役立つポイントを知る
・自分の生活をコントロールできる感覚を養う

準備するもの パワーポイント ワークシート

指導の実際

1）生活リズムの調整に役立つポイントを知る

 みなさん、もうすぐ〇〇（行事）がありますね。ベストを尽くして、いい思い出にしたいですね。

そのためには、毎日の生活リズムを整えることが大切です。生活リズムを整えると、体調が整い、さまざまな活動に対するパフォーマンスが高まります。また、調整の仕方を覚えておくと、これから、大切にしたい場面でも応用することができます。

当日、よいパフォーマンスができると、達成感や充実感を味わうこともできます。この機会に改めて自分の生活を振り返り、体調の調整にチャレンジしてみましょう。

教 材 パワーポイント教材を活用する。

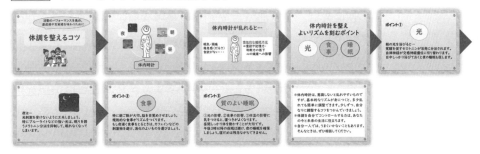

まず、生活リズムの調整に役立つポイントを説明します。

その前に、私たちの体には、体内時計があることを知っていますか？　私たちの体には、昼活動して夜眠ることを前提に、1日の流れや季節の変化に対応できるよう、体内時計がプログラミングされています。そして、自律神経や体温、ホ

ルモン分泌、免疫、代謝系など、生物の基本的な機能を調整しています。

　しかし、ヒトの主となる体内時計は24時間より長めに設定されていて、朝の光を浴びたり朝ご飯を食べたりすることで体内時計が早まり、24時間に調整されることがわかっています。

　では、この体内時計が乱れてしまうと、どうなってしまうと思いますか？

夜眠れなくなってしまうんじゃないかな？

昼間眠かったり、体調が悪くなったりするかも。

　そうですね、眠気や頭痛、倦怠感（だるさ）、食欲がないなど、身体的な不調が起きてきます。そして、慢性的な睡眠不足が続くと意欲や記憶力の低下につながったりすることもあります。

　このように、体内時計を整えることが生活リズムの調整に役立ちます。うまく整えるポイントは、主に3つあります。

（1）光

　　まず「光」をうまく利用することです。みなさんが寝ている場所は、朝の光が届きますか？　朝の光を浴びることにより、覚醒を促すセロトニンというホルモンが活発に分泌されます。また、自律神経が副交感神経から交感神経に切り替わり、活動ができる体になります。日中にしっかり光を浴びておくと、夜に睡眠を促すメラトニンというホルモンが増えることも知られています。

　　逆に夜は、できるだけ光刺激を受けないようにすることが大切です。寝る前のスマートフォンやテレビなどの画面の光（ブルーライト）は、体温を下げて眠りを誘うメラトニンというホルモンの分泌を抑制してしまい、眠れなくなってしまうことがあります。また、白っぽい蛍光灯は体内時計を遅らせる作用があるため、家庭の照明も赤っぽい暖色系の蛍光灯の方がおすすめです。

（2）食事

　　まず大切なのは朝ご飯です。脳のエネルギー源として糖分を補給しておきましょう。成長期はタンパク質、ビタミンなどの栄養を考えてバランスのよい食事をとることも大切です。朝は時間がないことが多いので、手軽にバランスよく食べられるものを家族に相談して工夫してみてください。

また、食事はできるだけ規則的にとることをおすすめします。どうしても夜遅く食べる人は、消化のよいものを選びましょう。

そして、夜はカフェインなどの刺激物が入っているものを避けてください。カフェインは、コーヒーや緑茶、エナジードリンクなどに入っています。夜眠くなるからといってカフェインが含まれた飲み物を飲むことが習慣になっている人はいませんか？　1日中疲れた脳が「休みたい」と言っているときに覚醒作用のあるものをとると、脳も体もしっかり休むことができず、体調が悪くなることが多いです。夜の飲み物は、温かいスープやココアなどがおすすめです。

（3）質のよい睡眠

睡眠が大切なことはわかっていると思いますが、今、質のよい睡眠をとれていますか？　みなさんに必要な標準睡眠時間は、13歳で9時間15分、15歳で8時間45分と言われています。しかし、15歳から19歳の平均睡眠時間は7時間42分（総務省「平成23年度社会生活基本調査」）という現状です。

睡眠不足が続くと、日中の眠気や意欲の低下、記憶力低下だけでなく体内のホルモン分泌や体温・血圧の調整など、体のさまざまな機能に影響を及ぼすことがわかっています。また、肥満や高血圧、糖尿病、心筋梗塞など、生活習慣病と言われる深刻な病気にかかるリスクも高まります。

さらに睡眠時間が5時間を切ると、心の健康にも影響が出てきます。うまくコントロールできないときは、早めに専門の病院を受診することが大切です。ぜひ相談してください。

このように、質のよい睡眠をとることは、日常の活動のパフォーマンスを高める上で不可欠です。質のよい睡眠のためには、（1）で説明した光の影響、（2）で説明した食事の影響、そして最後に、体温の影響に気をつけることです。昼間は活動してしっかりと体を動かすことと、寝る数時間前に一時的に体温を上げると、下がっていくときに眠気が出て寝つきがよくなると言われています。就寝3時間くらい前の入浴や食事などがいいでしょう。しかし、就寝直前の食事は消化活動が睡眠を妨げ、直前の高すぎる温度の入浴はかえって体を覚醒させるので、避けましょう。

それから、午後仮眠をとるときは15分〜20分以内にしましょう。昼休みにゆっくり自分の机で休むだけでも、リフレッシュできて効果があります。ただし、午後3時以降の30分以上の仮眠は、夜の睡眠に影響が出ますので避けてください。残念ながら人間は「寝だめ」ができません。毎

日の睡眠リズムをあまり崩さないことが大切です。

2）自分の生活をコントロールできる感覚を養う

 　それでは、生活リズムチェックカードを活用してみましょう。最初から無理に理想的なリズムに戻そうとするとうまくいきません。自分の生活を振り返って、少しずつ調整していくことが大切です。夜寝る時間や、睡眠時間の設定は、自分の生活を考えてできそうなところから始めてみてください。

教材 ワークシートを活用する。

　次に体調は、10 段階で評価してみましょう。1 がまったく調子が悪いとき、10 は元気で調子がいいときとします。

　最終日は、やってみた気づきや今後に活かせそうなことをメモしておきましょう。一人一人生活スタイルが違いますので、自分に合った生活リズムを見つけていきましょう。調子がよかった要因を考えて実践していくと、手ごたえにつながります。いつもうまくいっている人は、何がいいのかを考えてみてください。また、一人で難しいとき、悪循環に陥ったときは、ぜひ相談してみてください。友だちに客観的に見てもらうと、自分では気づかないところに気づくことができます。

　自分でうまくコントロールできるようになることが大切です。少しずつコツをつかんで、毎日を充実してすごすことができるようになるといいですね。

養護教諭の指導への思い

　望ましい生活習慣の定着が健康に寄与することは周知の事実ですが、生徒たちの実態を見るとそう簡単にはいかないようです。特に中高生においては、睡眠に関する教育と個々の自立を支援する取組が重要です。生徒たちの意欲が高まる行事前に体調を調整する体験を重ねることで、自己効力感を高め、将来の健康管理にもつなげてほしいと願っています。

中学校・集団 日々の出来事に柔軟に対応する力を高めよう

指導のポイント

・日々の出来事やストレスへの自分の対応の仕方を振り返る
・うまく乗り越えていくコツを理解する

準備するもの 📀 パワーポイント

指導の実際

1）日々の出来事やストレスへの自分の対応の仕方を振り返る

　毎日すごしていると、本当にいろいろなことが起きますね。楽しみなこと、面白いことから、イライラすること、残念な出来事など、いろいろあると思いますが、もし、その中で大きなストレスに感じるようなことがあって心がくじけそうなとき、みなさんはどうしていますか？

> 落ち込む、一人になりたい、ぼーっとする…。

　そんなときは、ひどく落ち込んだり、元気がなくなってしまったりすることがあるかもしれません。ただ、小さなことで悩んでご飯も食べられないほど落ち込んだりする人がいる一方で、中にはほとんどのことはあまり気にしないで、普段通りの生活ができる人もいますね。

　何か違いがあるのでしょうか。今日は、そんな日々の出来事を思い浮かべながら、ゲームの中の冒険者になったつもりで、考えてみてください。

教材 パワーポイント教材を活用する。

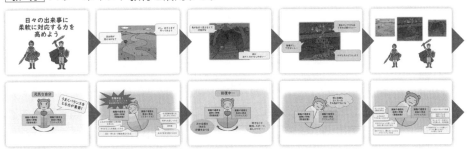

例えば、見通しのよいこんな道があるとします。いろいろあるかもしれませんが、何が起こるのか予想ができると、気持ちに余裕ができて人は安心して進むことができますね。

　では、暗い森の中ではどうですか？　先ほどより見通しが悪いので少し緊張して気をつけて進みます。もしかしたら何かが急にやってくるかも…、そう考えると少し不安にもなりますね。

　ではこんな道はどうでしょうか。先はある程度見通せますが、あまりにも険しくて、落とし穴や川もあります。やることはわかっていてもそれを乗り越える方法が見つからないときはストレスを感じて、「進むのはいやだな」「あきらめよう」「自分には無理だ」そんなふうに感じるかもしれません。

　このように、私たちがすごしている毎日には、さまざまな状況で、さまざまな出来事があります。先があまり見えないとき、これから進む道に大きなストレスとなるようなことが起こると予想されるとき、乗り越える方法がわからないときなどは、心がくじけてしまうことがあるかもしれません。

　では、どうすればそんな日々の出来事やストレスに、心がくじけたり、必要以上に落ち込んだりすることなく、柔軟に対応していくことができるでしょうか。

　普段元気なとき、私たちは、緊張状態とリラックスをうまく調整して元気な自分を保っています。こんなふうにうまくバランスをとる力が重要です。

　でも、もし何か自分の心身のバランスを崩すような、大きなストレスになる出来事が起こったときは、これまでの経験から解決策を考えたり、見方や行動を変えてみたりと試行錯誤しながら危機を解決したり回避したりしていくことが必要です。ただ、そうすると、心身のエネルギーをずいぶん使いますので、次の出来事に備えてエネルギーをためる時間が必要です。

　では、いつもと違うショックな出来事が次々と起こったり、回復する時間が十分とれなかったりするとどうでしょうか…。

　そんな状態が長く続くと、疲れてしまって、次の目標に向かう元気もなく、何となく調子が悪かったり、やる気が出なかったりすることがあります。

2）うまく乗り越えていくコツを理解する

 そんなときは、しばらくゆっくり休むことも必要ですが、落ち着いたら少し先の目標を決めてみたり、何気ない日常に面白さを見つけてみたりするなど、ポジティブに考え行動してみてください。安心できる場や時間を確保すること、家族や仲間とのつながりを大切にしたり、自分の気持ちを表現したり整理したりすることが早く回復するポイントです。そうすることで、また元気な自分に戻ります。

このように私たちは、日々の出来事にうまく対応してバランスをとりながらすごしています。

　もしこの、「日々の出来事にうまく対応する力」を高めることができたら、早く回復して自分らしく生きていけそうですね。そのためのヒントをいくつか紹介します。

　教材 パワーポイント教材を活用する。

　心理学で「レジリエンス」という言葉があります。しなやかな強さ、精神的回復力、復元力などと訳されますが、これを高めるためには、「自分の考えや価値観をよく知ること」「しなやかな思考」「対応力」「人とのつながり」「セルフコントロール」「ライフスタイル」といった要素が大切だと言われています。

　また、ちょっとしたことでくじけない、めげない自分をつくっていくためには、経験や対応の選択肢を増やす意味でも、まず普段から何でも前向きに楽しんでみることと、自分自身の考え方や行動をポジティブに見直してみることが大切なようです。

　例えば、失敗して落ち込んだとき、前向きな言葉をかけられて嬉しかったことはありませんか？　試合などで失敗したときに仲間が「ドンマイ」と励ましてくれたり、もし成績が伸び悩んでいたら、「まだまだこれからだよ、これからが大事」と声をかける人がいてくれたりすると、少し元気が出ます。

　そんな気持ちの切り替えが自分で自然にできると、出来事に対する見方や捉え方も広がり、あまりくよくよせずに、前に進むことができるのかもしれません。

　これは、ちょっとしたことでめげない自分を育てるためのヒントを紹介したものです。この中から、今自分にできることを、1つでも増やしてみませんか？きっと積み重ねることで、少しずつ柔軟に対応できるようになるのだと思います。

養護教諭の指導への思い

　日々接する子どもたちの中には、ちょっとしたことで落ち込んでしまうタイプと失敗体験をもバネに、さまざまな経験を前向きな力に変えていくタイプがいます。変化の多いこれからの時代、健康に生きるための心の持ち方を学び、自分らしく生きていってほしいと思っています。

中学校・集団　レジリエンスの力 〜心の回復力を高めよう〜

指導のポイント
・心が傷ついたときに回復していく過程を知る
・回復力を高めるポイントを考える

準備するもの　パワーポイント

指導の実際

1）心が傷ついたときに回復していく過程を知る

みなさん今日はなんだか表情がとてもいきいきしていますね。何かいいこと、楽しいことがありましたか？

席替えがありました！

そうでしたか。毎日何か1つでも、嬉しいことや楽しいことがあると気持ちが明るくなりますね。

実は最近、私はちょっとショックなことがあって気持ちが落ち込んでいたのですが、みなさんの表情をみたら少し気持ちが明るくなりました。

（少し元気をなくしたエピソードを話す）

教材　パワーポイント教材を活用する。

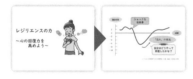

心の元気度を図に表してみると、普段はこれくらい、嬉しいことがあるとこれくらいなんですが、ショックを受けたときはこれくらい、そして今、回復してこれくらいです。

出来事は違っても、みなさんもこんなこと、ありませんか？　そして、落ち込んだときに、どん底が長く続くこともあれば、すぐに回復することもあります。

この違いって、何でしょうか。

ショックの大きさ？　何か他にいいことがあったとか？

　　出来事そのもののショックの大きさだったり、そのときの自分の体調だったり、何か嬉しい出来事があったのかもしれない、いろいろな影響が考えられますね。

　　実は、その後に親しい友だちにその出来事の話をしたり、おいしいものを食べたりしているうちに、何だか少し元気になりました。そして時間がたって心が落ち着くと、もしかしたら自分がこうしていたら違う結果になっていたかもとか、思いすごしかな、と客観的にその出来事を考えることができるようになっていきました。そしていつもの生活を続けて時間がたつと、あまり気にしなくなっていることに気づきました。

　　図の曲線の、この部分、いやなことやショックなことがあって落ち込んだり、元気をなくしたりしたときに、心が回復するきっかけになったのは、私の場合は「人に気持ちを聞いてもらうこと」だったんだと思います。そして、自分が早く回復するための「強み」ではないかと考えました。

　　例えば、私の強みは、何か元気をなくしたときに「話せる人がいること」「おいしいものを食べると幸せな気分になること」「仕事（責任を持ってやらなければならないこと）があること」ではないかと、振り返ってみて、改めて気づきます。

　　しかし、この回復の仕方は、人それぞれで違うのではないかと思います。みなさんの「強み」は何だと思いますか？　思いつかない場合は、一人一人のこれまでの経験に、ヒントが隠されています。ぜひ「自分の強み」を考えてみてください。きっとこれからも役に立つはずです。

2）回復力を高めるポイントを考える

　　心が回復する過程をレジリエンスという言葉で表すことがあります。日本では、「打たれ強いこと」「折れない心」「心のしなやかさ」といった表現が使われることもあります。

　　このレジリエンス（心の回復力）を高めるには、先ほど話したように、みなさんのこれまでの経験から自分の「強み」を知っておくことや、考えておくことが大切だということを紹介しました。他にも、このレジリエンス（心の回復力）を高めるために大切なことをいくつか紹介します。

　　教材　パワーポイント教材を活用する。

「自分のこと（強み）をよく知っておくこと」
「物事を柔軟に考えること」
「前向きに対応する力をつけること」
「生活リズムを整えること」
「心身のバランスを調整すること」
「人とのつながり」

　そしてもう1つ大切なのは、自分に対する周りの人の思いやりを考えることです。

　保健室でみなさんの相談に乗っていると、元気がないときに嬉しかったことは、「友だちの何気ない言葉」や「何かするときに一緒に誘ってくれたこと」「普段と同じように接してくれたこと」などと話してくれることがあります。

　ショックが大きすぎるときは、うまく気持ちを話せないことや今の状況を受け止められず混乱してしまうこともあります。そんなときは無理に気持ちを聴きだそうとせずに、普段通りに関わったり、今のこの生活や時間を一緒に穏やかにすごしたりするだけでも、回復につながるようです。

　また、みなさんの成長をみていると、どんな経験も、自分の強みや弱みを知り、これからもし何かあったときに、うまく乗り越えるためのヒントに気づくチャンスだと感じています。時には元気がなくて、よりよく生きることができない時間があったとしても、自分の心のバランスを調整する大切な充電期間かもしれません。あまり焦らず、「あなたらしさ」を大切にすごしてほしいと思います。

養護教諭の指導への思い

　加速度的に社会の変化が増す近年、不登校・不適応を起こす子どもたちの背景や関わりを考える中で、その予防や回復に焦点を当てた教育の重要性を感じることが多くなりました。何も起きていないときにこそ、心の回復力を高めるための関わりが重要です。

中学校・集団　体育大会前の保健指導

指導のポイント

・熱中症の予防について理解する
・筋肉の正しいケアについて理解する

準備するもの　パワーポイント

指導の実際

1）熱中症の予防について理解する

　もうすぐ体育大会がありますね。これから、練習が始まっていきますが、体育大会で力を発揮するために、熱中症の予防と筋肉のケアについて紹介します。

教材　パワーポイント教材を活用する。

　熱中症とは、暑い環境で体内の水分や塩分のバランスが崩れたり、体温調節の機能が働かなくなったりして、体温の上昇や頭痛・めまいなど、さまざまな症状を起こす病気のことをいいます。夏の暑い時期だけでなく、まだ体が暑さに慣れていない時期や急に暑くなったときなどにも起こりやすいと言われています。

　体育大会の練習で気をつけてほしいのが、めまい・たちくらみ、手足のしびれ、筋肉のつり、頭痛・吐き気・体がだるいなどの症状です。みなさん、このような症状が起こった経験はありませんか？

> 練習していて、目の前が急に真っ暗になったことがありました。

> 暑い日に外で練習して、頭が痛くなりました。

　体調が悪いと、競技に集中できませんね。

予防のためには、まず、朝食や睡眠などをしっかりとって、体調を整えておくこと、こまめに水分補給をすることが大切です。そして、帽子をかぶり、休憩やミーティングは日陰で行ってください。また、暑さに徐々に慣れていくことが大切です。家庭や学校、塾などでは、冷房の温度設定に気をつけたり上着などで調整したりしてください。

2）筋肉の正しいケアについて理解する

次に、練習で起こりやすい筋肉痛の予防法と対処法について紹介します。

教材 パワーポイント教材を活用する。

筋肉痛とは、運動によって損傷した筋繊維を修復する過程で生じる痛みだと考えられています。普段使わない筋肉を急に動かしたり、筋肉が疲れたりしているときに起こりやすいと言われています。運動で傷ついた筋肉はすぐに修復され、筋肉を太く強くしていきますが、誤った方法では痛みが長引いたりけがにつながったりすることもあります。例えば、筋肉痛だと思って、放っておいてそのまま運動を続けたら、痛みがひどくなってしまったことはありませんか？

> 痛みが我慢できなくて、病院に行ったことがあります。

> リレーが走れなくなってしまいました。

痛みがあるときは、無理をしてはいけません。安静が一番です。

筋肉痛の予防対策として、運動前は軽くジョギングをして筋肉を温めておくこと、ラジオ体操など、反動をつけながら体を伸ばすストレッチを行い柔軟性を高めておくことなどが挙げられます。

また、運動中は、急に全力で走ったり止まったりするなど、筋肉を急に動かす、大きな負荷をかけることを避けます。

そして、運動後は、反動をつけずにゆっくりと筋肉を伸ばすストレッチを行い、筋肉の緊張を緩めます。

　先ほども痛みがあるときの注意をしましたが、ストレッチをするときにも、筋肉をゆっくり伸ばしてみて、痛みがないか確認しながら行いましょう。痛みを感じる場合は、筋繊維がダメージを受けているため、無理をすると肉離れを起こすことがあります。痛みがあれば安静にして様子をみましょう。

　急に無理な動作をすると、筋肉に激痛が走り、それ以上運動を続けられなくなります。肉離れを起こすと程度にもよりますが一定期間の安静が必要です。急な動きや筋肉の使いすぎを避け、ウォーミングアップをじゅうぶんに行って予防していきましょう。

　筋肉痛の場合のセルフケアは、まず、運動後痛みがひどいときは、筋繊維がダメージを受けて炎症を起こしていますので、氷で軽く冷やします。ストレッチはしないでください。痛みが続くときは、肉離れを起こしている可能性もありますので、整形外科を受診して、医師に相談しましょう。また、自己判断でテーピングをすると症状を悪化させることがありますので、受診して医師の指示に従ってください。次に、痛みが治まってきたら、入浴でじんわり体を温めたり、お湯の中で軽くマッサージをしたりすると血行が促進され、筋肉の修復が早くなります。食事面では、良質なタンパク質をとり、糖質や脂質の代謝を助けるビタミンB群、疲労回復効果のあるビタミンCの含まれるものを積極的にとるといいでしょう。

　また、疲労回復のためには、十分な睡眠をとることも大切です。心身をリラックスさせ、早めの就寝を心がけましょう。次の日のパフォーマンスが違います。

　熱中症やけがを予防して、全力を出し切り、体育大会をぜひ楽しんでください。

養護教諭の指導への思い

　最近の子どもたちの体力・筋力の低下と運動習慣の二極化を懸念しています。スポーツ外傷を予防するためにも、保健体育科職員や部活動担当職員などと一緒に話し合い、積極的に予防法を啓発していくことを心がけています。

中学校・集団　けがの多くなる時期　けがの予防

指導のポイント

・ヒヤリ・ハットした経験とその後の対応の大切さを知る

・けがの予防のために、自分にできることを考える

準備するもの　💿 パワーポイント

指導の実際

1）ヒヤリ・ハットした経験とその後の対応の大切さを知る

みなさんは、普段すごしていて、けがをしそうになってヒヤッとしたり、ハットびっくりしたりした経験はありませんか？

> この間、階段を滑り落ちそうになった。

> 廊下の角で、人とぶつかりそうになったよ。

実はその経験、いのちに関わるような大きなけがを予防するために、とても重要な経験かもしれません。

教材　パワーポイント教材を活用する。

アメリカの損害保険会社の安全技師であったハインリッヒさんが発表した法則によると、「同じ人間が起こした330件の災害のうち、1件は重い災害（死亡や手足の切断等の大事故のみではない。）があったとすると、29件の軽傷（応急手当だけですむかすり傷）、傷害のない事故（傷害や物損の可能性があるもの）を300件起こしている」というものです。

これは逆に、ヒヤリ・ハットを経験したらすぐに対策をすれば、重大な事故や

災害を防ぐことができるという考え方もでき、事故と災害の関係を示す法則として、現在もさまざまなところで活用されています。

　例えば、よく学校で起こるけがの中に、雨の日の廊下で転倒して頭を打ったり足を捻ったりするというものがあります。ヒヤリとした経験やハットした経験をしたけれども、けががなければみなさんは保健室に来たりしませんね。

　保健室で対応するのは、29件の軽微な事故と1件の大事故ということになります。ということは、みなさん一人一人が気づいて、対策を立てることが大切だということです。

　走らない、注意して歩く、すべりにくい靴をはくなど、個人ができることもあれば、注意書きを書いておいたり、「すべりやすいから気をつけて」と声をかけたり、すべりやすいところにマットを敷いてもらうよう先生に頼んでみたり、また同じことが起きないように、工夫することもできます。

2）けがの予防のために、自分にできることを考える

　いのちに関わる大きなけがを予防するためには、ヒヤリ・ハットにいち早く気づき、事故の発生を極力未然に防ぐことと、もし起こってしまったときに、すぐに適切に対処して被害を最小限に抑えることが大切です。

　教　材　パワーポイント教材を活用する。

　未然に防ぐためには、ここは危ないから近づかないようにしようと危険を予測する力や、もし起こってしまったときには、こうなったらこうしようなど被害を最小限にするために必要な行動をあらかじめ考えておく力が大切になってきます。

　例えば、「今日はやることが多くて慌てているから、1つ終わったら1回深呼吸しよう」とか、「もし転んだら頭を打たないように気をつけて、保健室にすぐ行こう」など、工夫ができるかもしれません。

　また、自分自身が、焦ったり、急いでいたり、ぼーっとしたり、考え事などをしていたりするなど、そのときの心理状態で注意が散漫になると、いつも気づくところに気づくことができないことがあります。そんなときは、どうしたらいいと思いますか？

どうしよう、何かできるかなぁ。

周りにいる人が注意してあげたらいいよ。

　そうですね、自分ではなかなか気づかないこともありますので、そばにいる人が気づいたら、ぜひ声をかけてあげてください。一人一人の気づきと気配り、心遣いで、ぜひ大きなけがを予防していってほしいと思います。
　みんなで協力してけがを防いで、安心・安全な毎日をすごしましょう。

養護教諭の指導への思い

　学校行事が重なったりして慌ただしいときや、子どもたちがそわそわして落ち着かない状況のときは、大きなけがや事故が起きやすくなります。学校の環境面の安全管理はもちろん大切ですが、人の要因に関わるリスクを下げることも重要です。一人一人がいのちと健康を守る行動をとれるよう、学校全体の動きにアンテナを張って、意識を高めていきたいと思います。

タイプ別ストレス対処法

中学校・集団

指導のポイント

・自分のストレス反応の現れ方や対処法を考える　・自分に合った対処法（コーピング）を増やす
・簡単にできるリラクセーション法の1つ（10秒呼吸法）ができるようになる

準備するもの　 ワークシート　 資料プリント（リラクセーションとは）

指導の実際

1）自分のストレス反応の現れ方や対処法を考える

いつもストレスがかかったとき、どう対処していますか？

> 寝る、忘れる、ゲームしている…とかが多いかなぁ。

対処法には、その人に合ったものを選ぶとうまくストレスを解消できますよ。
あなたは、どのタイプ？

> うーん、どれだろう。自分ではよくわからないな～。

自分がどのタイプなのか、傾向がわかるチェックテストがあるからやってみましょう。

教材 ワークシートを活用して、ストレスのトリニティチェックを一緒にやってみる。

2）自分に合った対処法（コーピング）を増やす

（1）ストレスが身体に出やすいタイプ

まずは健康な生活習慣を大切にして、身体を整えることを優先するといいですよ。ゆっくり睡眠をとったり、休養したりすることが一番です。運動が好きなら、気分転換に散歩したり、体を動かしたりする方が合っているかも。試してみてください。ゲームは適度なら気分転換できますが、やりすぎは逆に疲れますので、時間を決めるといいかもしれませんね。

（2）ストレスが感情に出やすいタイプ

　　感情を表現することが一番です。ノートに思いを書き出したり、悲しいときはとことん泣いたりするなど、素直に自分の感情を表現できるといいですね。しかし、ところ構わず感情を表現すると、周りの人との関係に影響を与えてしまいます。安心できる人に話を聞いてもらったり、少し落ち着いてから人に自分の気持ちを話したりして理解・共感してもらうことが大切です。まずは深呼吸して、自分の感情に気づくことから始めてみましょう。

（3）ストレスが思考に出やすいタイプ

　　問題を解決する方法を誰かと一緒に考えるといいですよ。客観的にアドバイスをもらって、自分の考え方や視点を変えてみるのもおすすめです。また、問題の原因をよく考えて対処していくといいでしょう。（自分自身を少し変えることができると、案外うまく解決するかもしれません。）

3）簡単にできるリラクセーション法の1つ（10秒呼吸法）ができるようになる

　どのタイプでも、リラックスするとエネルギーが回復します。

　リラクセーションとは、緩みやくつろぎなど、「弛緩している状態」を意味します。緊張の適切なコントロールを身につけることで、心身の健康の回復・維持・増進をはかることができます。疲労の回復はもちろん、エネルギーを蓄えたり、勉強の能率を上げたり、自律神経の機能を安定させたりする効果もあります。

　簡単にできるリラクセーション法で、10秒呼吸法という方法がおすすめです。不安や緊張が強いときや、疲れがたまっていると感じたときなどに、やってみてください。

　　教材　資料プリント（リラクセーションとは）を参考に、10秒呼吸法を一緒に体験してみる。

養護教諭の指導への思い

　さまざまな不定愁訴を訴えて来室する生徒の背景に、ストレス対処の課題が見えてくることがあります。その生徒の強みを引き出しながら、対処法を一緒に考えていくよう心がけています。10秒呼吸法については、簡単にできるので、保健の授業でも紹介しています。

性に関する指導（性衝動と性行動）

中学校・集団

指導のポイント

・性衝動と性行動について考える
・行動の結果起きるトラブルやよりよい相手との関係を考える

準備するもの 🖸 パワーポイント ●保健体育科教科書 など

指導の実際

1）性衝動と性行動について考える

思春期は、性機能の成熟に伴い、性ホルモンの影響で、一般的に性のことや異性への関心が高まったり性的欲求が強くなったりする時期です。

教材 パワーポイント教材を活用する。

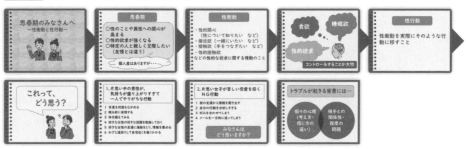

このような、性的関心や一緒にいたいなどの接近欲、手をつなぎたいなどの接触欲、性的に関係を持ちたいという性的接触欲など、性的な欲求に関する情動のことを、「性衝動」と言います。もちろん、性衝動がどれくらい高まるのかは、体の発育と同様、個人差が大きいことを押さえておきましょう。

性衝動は、私たちが生きるために必要な欲求の1つです。例えば、食べたい、眠りたい、という気持ちが起こるのと同じことです。しかし、そんな衝動、欲求が起こったときに、そのまま行動しているとどうなると思いますか？

> はずかしい、困ったことが起こる。

そうですね、本能のままに食べたり、好きなときに寝たり、そんなことをする

32

のは、生まれたての赤ちゃんくらいですよね。私たちは状況に合わせて、うまく
欲求をコントロールして生きています。人間は成長するに従って、脳が発達し、
考える力が育ち、その場面に応じて我慢したりすることができるようになりま
す。みんな、うまくコントロールできていますね。

　性行動とは、性衝動を実際にそのような行動に移すことをいいます。

　今日はインターネットで次のような記事を見つけましたので、一緒に考えてみ
ましょう。

　　①片思い中の男性が気持ちが盛り上がりすぎて一人でやりがちな行動
　　②片思い女子が苦しい恋愛を招くＮＧ行動

　みなさんはどう思いますか？

> ちょっと、怖い。
> でも、その人が好きならいいんじゃない？

　いろいろな意見がありますね、そう、一人一人考え方や感じ方は違います。ト
ラブルが起きる背景には、個々の心理（考え方・感じ方の違い）と相手との関係
性や程度などの問題があるようです。

２）行動の結果起きるトラブルやよりよい相手との関係を考える

　トラブルや相談をよく聴いていくと、問題はコミュニケーションにあることが
多い気がします。

教材　パワーポイント教材を活用する。

　相手も同じ気持ちのはず、と思い込んでしまう。自分の気持ちを一方的に押し
つけてしまう、相手から嫌われたくなくて、我慢して相手に従ってしまう…など
といったものです。これは、セクハラやストーカーなど、社会で問題になってい
ることにつながる場合もあります。また、デートＤＶというカップル間の暴力が
問題となっています。相手が思い通りにならないと、機嫌が悪くなり暴力を振る
うこともあれば、メールの返信をしつこくせまったり行動を監視するなど心理的
に束縛したりするといったことなども含まれます。

そして、性衝動にまかせて行動すると、相手を傷つけたり、望まない妊娠や性感染症などの問題にもつながったりします。性は、いのちに関わるもの、将来の健康にもつながるものです。

　よりよい関係を築くためには、「一時的な感情に流されないこと（よく考えること）」「自分の気持ちや行動をコントロールできるようにすること」「お互いの気持ち（心）や体を大切にすること」「さまざまな感じ方、考え方があるということ」なかなか難しいですが、これらを忘れないでほしいと思います。お互いを理解し、人間的魅力を高めあえる関係が、素敵だと思いませんか。

　そしてこれは、最初に伝えたように、これからのあなたたちがいつか考えていくであろう、大切なことです。今すぐでなくてもいいので、自分はどんな人が好きで、どんなことを大切にして人生を生きていきたいのか、ぜひ考えてみてください。

養護教諭の指導への思い

　個々の価値観が多様化する中、性に関する指導についても、子どもたちが何をどう理解すれば一人一人がすごしやすい社会へとつながるのか、悩むことが多くなりました。思春期の性衝動や性行動についても、個人差が大きいところですが、性意識の変化と適切な行動を、人間関係や性情報への対応を含め指導したいところです。

中学校
・集団

応急手当の意義と基本

指導のポイント

・応急手当の意義を理解する
・具体的な場面を想像し、自分にできることを考える

準備するもの　 パワーポイント　●保健体育科教科書　など

指導の実際

1）応急手当の意義を理解する

みなさんは、学校でけがをしたことはありますか？

> バレーボールをして、突き指したよ。

> サッカーで転んで捻挫した。

保健室にも、毎日さまざまな理由で生徒のみなさんが来ますが、学校で多いけがは擦り傷や捻挫ですね。では、体育や部活動の時間に友だちがけがをしたり、倒れて動けなくなってしまったりしたことがありますか？

> 体育大会の練習で友だちがリレーで転んで、動けなくなったことがある。

> 部活の試合で、ぶつかって頭を打って、救急車を呼んだことがあったよ。

教材　パワーポイント教材を活用する。

　いのちに関わるような大きなけがや意識がなくなるような状態になるような場面が、時々起こることがあります。けが人や病人が出た場合、その場に居合わせた人が、周囲の状況と傷病者の状態を観察し、適切な手当をすることを「応急手当」と言います。そして、適切な手当は、「いのちを救う」「けがや病気の悪化を防ぐ」「痛みや不安を和らげる」ことにつながります。

　また、もし心臓や呼吸が止まってしまった傷病者を見つけたときは、一刻も早い対応が必要です。私たちの体は酸素を呼吸で取り入れてその酸素を血液の循環で体中に送っていますが、心臓や呼吸が止まると、体、とくに脳に酸素が行き渡らなくなり、回復してもダメージが残ってしまうと言われています。

　この図は、もし心臓と呼吸が止まってしまった場合にその時間経過といのちが助かる可能性を示したものです。救急車を呼んで現場に到着するまで約 8.9 分（総務省消防庁報道資料「令和 3 年版　救急救助の現況」の公表）と言われていますので、その場に居合わせた人が、少しでも早く適切な手当を開始することが大切です。そして、このような場合に役立つのが AED（自動体外式除細動器）というもので、心臓にショックを与えて、動きを正常に戻し循環を回復するものです。学校や公共機関などに設置していることが多いので、身の回りにないか、探してみてください。

　では、倒れている人がけがをしていた場合は、どうしますか？　そんなときは、血が出ていたらまず血を止めること、皮膚や粘膜が傷ついていたら、傷口を保護すること、捻挫や骨折などの疑いがあるときは、動かさないことが大切です。とくに頭を打っているような場合は、動かさずに安静にして、救急車を呼びましょう。

　傷の手当の基本は、①出血を止めること、②細菌感染を防ぐこと、動かさないようにして③痛みを和らげること、この 3 つが重要です。大けがでなくてもけがの悪化を防ぐのに役立ちますので、覚えておきましょう。

2）具体的な場面を想像し、自分にできることを考える

　では、具体的な場面を想定して考えてみましょう。ある日、中学生四人で下校

中にコンビニの駐車場に男性が倒れていました。事故のようです。呼びかけには反応がなく、普段通りの呼吸もありません。男性を助けるために、あなたはどうしますか？

教　材　パワーポイント教材を活用する。

　このような場面に出会ったら、誰でも焦ったり不安になったりするのは当然です。でも、落ち着いて、まず状況を判断し、安全を確保して自分ができることを考えましょう。大きな声で助けを呼んだり、居合わせた人と分担して救急車を呼んだり、AED を取りに行ったり、その場でできる応急手当を行ったり（止血、固定、心肺蘇生など）、不安を和らげるような声かけをしたり、できることはたくさんあります。

　ある駅伝大会で、ゴール後に倒れた人を見つけて、いち早く AED を持ってきたのは、その場に居合わせた中学生でした。少し前に、学校で心肺蘇生法とAED の使い方を体験していたそうです。いのちを救うためには、「救命の連鎖」が必要だとよく言われます。居合わせた人が協力して早く救急車を呼んだり心肺蘇生法をしたりすることで助かるいのちがあります。ぜひ、みなさん一人一人ができることを考えていきましょう。

養護教諭の指導への思い

　生徒にとって、日常によく起こるけがの事例をもとにした話は身近に感じるようで、集中して聴いてくれます。また、その後は生徒なりに考えて行動してくれて、それをフィードバックすると自己効力感にもつながります。咄嗟のときにいのちを守る行動がとれるようになるには、そんな積み重ねが必要ではないかと感じます。

非常時（災害後）のストレスマネジメント
～心が軽くなるメンタルヘルス講座～

指導のポイント

・ストレッサーに対する私たちの心と体の反応を知る
・強いストレッサーへの対処法を知る

準備するもの 🔲 パワーポイント ●保健体育科教科書 など

指導の実際

1）ストレッサーに対する私たちの心と体の反応を知る

　私たちの日常では、いつもと違う出来事があったり、想像していなかったようなびっくりすることが起こったり、本当にさまざまなことが起こりますね。
　例えば、もし急に大きな台風が近づいてきて、学校が休校になったとします。みなさんはそんなとき、どんな気持ちになりますか？

> やった！　好きなことができる！って思う。

> 楽しみにしていたことができなくなって不安になる。

　ワクワクしたりする人もいれば、予定していたことができなくなってイライラしたり不安になったりする人もいたり、感じ方もさまざまだと思います。

教　材　パワーポイント教材を活用する。

　このようなさまざまな出来事を「ストレッサー」、そしてそれに対する私たちのさまざまな反応を「ストレス反応」と言います。
　でも、少し驚いたり心配して不安になったりすることがあっても、少し時間がたつとまたいつもの安定した状態に戻ることがほとんどですね。これは、私たち

の心と体がその状況に適応しようとストレッサーに対処しているからです。

2）強いストレッサーへの対処法を知る

　では、これがもし災害や事故などの影響で、「当たり前」と思っていた日常が大きく変化したときはどうでしょうか？　これまでもさまざまなことがありましたが、みなさんはどう対処して乗り越えてきましたか？

どうしようもないとあきらめて、我慢してきたかなぁ…。

いろいろ考えて、今できることをやってきたと思う。

　そうですね、時には我慢したり、状況に応じて自分たちにできることをやってきたりしたと思います。

教　材　パワーポイント教材を活用する。

　このような強いストレッサーやいつもと違うショックを受けたときは、ストレス反応が強く出ることが多く、頭痛や腹痛・食欲がない・だるいなど、そして、眠れない・不安・イライラ・落ち込む・やる気が出ない・落ち着きがない・はしゃぐ・怒りっぽくなるなど、体や心にさまざまな反応が出やすくなります。

　これは、強いストレッサーやショックを受けたときに誰にでも起こる自然な反応で、安心・安全な生活を続けていくことで自然に治まっていきます。そして、強いストレッサーを受けたときは、自分では自覚がなくても、一生懸命適応しようと頑張りすぎてしまっていますので、いつもより心と体をしっかり休めることが大切です。

　ストレス反応が治まっていくポイントは、①安心・安全感、②周りの人との心の絆、③自分の気持ちを聞いてくれる人がいたり、素直に気持ちを表現したりすることだと言われています。

　また、みんなで思いやり、声をかけあい、助けあっていくことが大切です。周りの人に遠慮して、ずっと我慢している人はいませんか？　気持ちがちょっと落

ち込んだりつらくなったりすることも、精一杯頑張っている自分からのSOSかもしれません。そんなときは一人で抱え込まず、ぜひ信頼できる誰かに相談してみてください。

養護教諭の指導への思い

　熊本地震を経験して、大きな災害や事件・事故などで子どもたちを取り巻く環境やこれまでの日常が大きく変化したとき、レジリエンスの概念を加えた保健指導が必要だと強く感じました。支援する側の大人も被災者である可能性を忘れず対応していくことも、災害後の心のケアにとって大切な視点です。

<table>
<tr><td>中学校・集団</td><td>受験期の健康管理</td></tr>
</table>

指導のポイント

・受験期の健康管理に大切な感染対策と質のよい睡眠の確保について考える
・ストレスや不安への対処法を知る

準備するもの　パワーポイント

指導の実際

1）受験期の健康管理に大切な感染対策と質のよい睡眠の確保について考える

　3年生はいよいよ進路を考える時期となりました。この時期に大切な健康管理のコツを3つ、紹介したいと思います。

教材　パワーポイント教材を活用する。

　1つ目は、感染症対策です。受験期は、インフルエンザなどさまざまな感染症が流行する時期に重なります。基本的な予防対策を大切に、バランスのよい食事や十分な睡眠、体力の維持を心がけ、体調を万全に整えておきましょう。また、3密を避け、マスクの着用や手洗いの習慣化など、流行している感染症に応じて対策を工夫してください。

　2つ目は、質のよい睡眠を確保することです。午前中のパフォーマンスを上げるために確保したい睡眠時間は、7時間以上です。5時間を切ると集中力が低下します。頑張りたい気持ちはわかりますが、慢性的な睡眠不足が続くと、体調が悪くなったり精神的に不安定になったりすることもあります。最低限の睡眠時間は確保できるよう心がけてください。

　塾などで遅い帰宅となり、それからお風呂に入って学校の宿題をするとどうしても寝るのが1時をすぎてしまいます。どうしたらいいですか？

どうしても時間が足りないという場合は、隙間時間の有効な活用がポイントです。やることを整理して自分の時間の使い方を見直してみることから始めてみましょう。一人一人生活スタイルが違いますので、個別に考えていくことが大切です。一緒に考えていきましょう。

　また、質のよい睡眠をとるためには、眠る1〜2時間前から光やカフェインなどの刺激を避け、脳をリラックスさせることと、眠る直前にはあまり体の温度（深部体温）を上げすぎないように注意することです。眠りはじめの90分をぐっすり眠ることができるとよいと言われています。さらに、睡眠中に記憶も整理されますので、心身の疲れをとり効率的に勉強を進めるためには、この質のよい睡眠が不可欠です。

2）ストレスや不安への対処法を知る

　3つ目は、ストレスや不安への対処についてです。誰でも、試験が近くなってくると、些細なことでイライラしたり不安が大きくなってきたりすることがあります。

　教材　パワーポイント教材を活用する。

　やることが多すぎる場合は、今できることを整理したり優先順位をつけたりすると、今やるべきことが明確になります。また、イライラや不安は、まず自覚してコントロールすることが大切です。少し休憩を入れたり、呼吸法を取り入れたりすることもリラックスに有効ですので、自分でコントロールできるよう工夫していきましょう。やることが多くても、時々自分がリラックスできる時間を確保することを忘れないでください。

　そして、不安を安心に変えるには、セロトニンという物質を増やすとよいということがわかっています。セロトニンを不足させないためには、朝の光を浴びたり、肉や卵、果物などをバランスよくとるなど、まずは食事や生活習慣を整えることが大切です。それでも不安が大きいときは、「大丈夫、自分はできる」とか、「ここまでやってみよう」などのプラス思考の言葉を心がけて使うと、思考も前向きになるものです。

　周りの人は、「頑張っているね」と声をかけて認めてあげたり、「これからが大

切だよ」など、プラスの受け止め方に変えてあげたりすることが、よりよいサポートにつながります。

　受験は団体戦とよく言われます。お互いに前向きに、そしてちょっとやる気になる、そんな雰囲気をみんなでつくっていきましょう。

　最後に、心の健康の危険信号のサインとして、みなさんに１つだけ注意してほしいことがあります。それは、「やる気が出ない」「ぼーっとする」状態が３日以上続くことです。そんなときは、思い切って何もしないリラックスの時間を１日つくりましょう。自分では自覚がないことも多いので、周りが気づいたら、ぜひ声をかけてあげてください。また、周りに気づいてもらったら、早めに相談することが大切です。

【保護者がいる場合のお願い】
　ここからは、保護者のみなさまにお願いです。保護者のサポートの基本は、バランスのよい食事と生活環境の調整です。悩みはすぐに解決できなくても、よく聴いてあげましょう。

　自分の進路を選択し、頑張るのはお子さん本人です。いろいろと口を出したくなる気持ちもわかりますが、叱咤激励ではなく、何かお子さんが迷ったらいつでも相談に乗るという姿勢や温かい声かけがサポートにつながります。

　そして、受験は、お子様にとって、人生の大きな選択の場面の１つです。乗り越えた先はゴールではなく、その先のスタートでもあるということです。そして、結果はどうであっても、どう乗り越えていくかという経験自体がお子さんの人生の財産になります。しっかりとサポートしてあげてください。

養護教諭の指導への思い

　受験は生徒にとって、進路選択の１つの機会であると同時に、自分自身や家族との関係を見つめたり、これからの生き方を考えたりする機会でもあります。不安定になる生徒もいますが、どう乗り越えていくかという経験自体を、ぜひ前向きに捉えることができるよう支援していきたいと考えています。

中学校・集団　感染症の予防

指導のポイント

・身近な感染症と感染症を成立させる条件を知る

・感染症の予防のポイントがわかる

準備するもの　パワーポイント　　●自校のインフルエンザ、感染性胃腸炎の罹患状況の資料
　　　　　　　　　　　　　　　　　●保健体育科教科書　など

指導の実際

1）身近な感染症と感染症を成立させる条件を知る

感染症と聞いて、みなさんは具体的にどのような病気を思い浮かべますか？

「かぜ」「インフルエンザ」
「新型コロナウイルス感染症（COVID-19）」「感染性胃腸炎」など…。

　そうですね、細菌やウイルスなどの病原体の感染によって起こる病気を「感染症」と呼んでいます。

教材　パワーポイント教材を活用する。

　（自校のインフルエンザの罹患状況を提示しながら）

　これは、インフルエンザで学校を休んだ生徒の推移です。インフルエンザも感染症の1つです。何か気づいたことはありませんか？

教材　インフルエンザ罹患状況の資料を活用する。

hint!　自校の感染状況に合わせて、グラフを作成するとよいでしょう。

44

（資料イメージ）

11月くらいから急に多くなっている、冬に流行している。

（自校の感染性胃腸炎の罹患状況を提示しながら）では、こちらはどうですか？

教材 感染性胃腸炎罹患状況の資料を活用する。

（資料イメージ）

1年中起きている、11月くらいが多いかな？

　感染症にはさまざまなものがありますが、どうやら特徴がありそうですね。また、同じクラスに一人インフルエンザの症状が出た人がいたとします。みんな同じようにすごしていたにも関わらず、インフルエンザに罹患してしまった人とそうでない人がいませんでしたか？

　このように、病原体が体内に侵入しても感染するとは限らず、感染しても発病するとは限りません。これには、人（主体）の要因が影響しているからです。

　健康は、主体と環境の要因が関係していることは、みなさんも知っていると思いますが、感染症も、温度や湿度、人口密度、交通などの環境の条件と栄養状態や抵抗力などの主体の条件が関係しているため、このようなことが起きます。また、感染症には、どういうときに、どのように感染するかという特徴があります。

　これらを踏まえると、感染や発病を予防するためには、その感染症の特徴をよく知り、その上で対策をとることが重要になってきます。

2）感染症の予防のポイントがわかる

　では、ここで問題です。ある国で、ある感染症が流行しています。特徴は、次の通りです。

教材 パワーポイント教材を活用する。

さあ、あなたはこの感染症に、どう対処していきますか？
①感染源対策、②感染経路対策、③体の抵抗力を高める対策、この３つの対策をそれぞれ考えてみてください。

たくさん対策を考えることができましたね。その中で、自分が実践できそうなものはありますか？

最後に、感染症への対策を考える際、時には「感染が怖いので絶対外に出ない」とか「感染者が外に出ないようにしたらいい」などという意見が出ることがあります。

新型コロナウイルス感染症のときもそうでしたが、私たちは、よくわからないもの、見えないもの、自分の健康を害したり日常をおびやかしたりするかもしれないというものに対して、とても大きな恐怖や不安を感じます。

これまで新しい感染症が流行するたびに、恐怖や不安、不確かな情報からくる偏見や差別を何度も人間は起こしてきました。大切なのは、自分や大切な人が同じ偏見や差別を受けたとき、どう感じるのか、想像する力です。医療が進歩してできる対策が増えても、不安や恐怖から起こる心の問題はこれからいつも考えていかなければならない問題です。ぜひ想像力を持って、それぞれの立場で、みんなと今できることの知恵を出しあい、協力して、さまざまな問題を乗り越えていってほしいと思います。

養護教諭の指導への思い

新型コロナウイルス感染症の感染拡大とその予防は、今後新たな感染症が起こったときの対処法を私たちに考えさせてくれたように思います。そして、見えないものに恐怖や不安を感じる人間の心理、あふれる情報の扱い方、今この状況でできることを楽しむ心のあり方など、併せて伝えていきたいと思います。

オンライン授業で健康を保つコツ

準備するもの　資料プリント（オンライン授業で健康を維持するコツ）

指導の実際

1）オンライン授業の ICT 機器利用による健康への影響と対処法を理解する

 オンライン授業が始まりますが、タブレットの利用機会が増えることにより、健康に影響が出ることがあります。これまでのオンライン授業で何か体の不調を感じたことはありませんか？

> ずっと画面を見ていると目と頭が痛くなる。

> 頭が重く感じる、気持ちが悪くなることがある。

オンライン授業では、長時間画面を見たり姿勢が悪くなったりすることがありますので、その影響で、視力の低下やドライアイ、頭痛や肩こり、めまいなどが起こることがあります。時々休憩を入れながら、健康を維持していくことが大切です。

オンライン授業のある日は、意識して（資料プリントの）次の項目をチェックしてみてください。

教材　資料プリント（オンライン授業で健康を維持するコツ）を配付し、読みあげて☑を入れさせる。

途中、休憩したり、やむを得ず参加が難しい状況があったりする場合は、状況を先生に伝えておくと安心です。

2）オンライン授業が続くことによる心の影響を理解し、対処する方法を知る

また、見えづらさや聞こえづらさ、通信状況の影響でコミュニケーションがうまくいかないときがあると、なんだか一人取り残された気持ちになったり、気分が落ち込んでしまったりすることもあります。そんなときは一人で悩まずに、ぜひ相談してください。

ただ、一人だとなかなか自分の心と体の変化に気づかないこともあります。食欲、睡眠の状態、体重変化など定期的にチェックして、不調が続く場合は、担任の先生に伝えておきましょう。オンラインでの個別の健康相談やカウンセリングなども利用してください。

いつもと違う環境が続くときは、①安心・安全感、②周りの人との心の絆、③自分の気持ちを表現すること、この3つを大切にするとストレス反応が治まっていくと言われています。オンラインでも誰かとつながることのできる今、できること・やりたいことを自分なりに工夫して、楽しんでみるといいですよ。

養護教諭の指導への思い

文部科学省が2019年末に「GIGAスクール構想」を打ち出し、ICT環境が整備され、突然休校になった場合でも、オンラインでの授業が可能になりました。しかし、視力の低下など、それに伴って、起こりやすい心身の健康問題もあります。とくに離れていても生徒同士、生徒と教師との心の距離を埋める工夫が求められていると感じました。それらの対処法をあらかじめ啓発しておくことで、少しでも生徒たちの健康維持につなぎたいと思っています。

中学校・個別	# ストレートネックはどうしてダメなの？

指導のポイント

・ストレートネックについて知る
・ストレートネックの予防に効果的なストレッチをできるようになる

準備するもの　📀 **資料プリント（ストレートネックの改善・予防に取り入れたい簡単ストレッチ）**

📀 **ストレートネックとはのイラスト**　📀 **ストレートネックのセルフチェック法のイラスト**

指導の実際

1）ストレートネックについて知る

最近、首が痛くて、頭も痛いです…。

スマートフォンやパソコンを長時間、前傾姿勢で使用していませんか？

そういえばあるかな…。

ストレートネックという言葉を聞いたことがありますか？

教 材　ストレートネックとはのイラストを活用する。

　本来、緩やかなS字カーブを描いている首の頸椎が前傾姿勢を続けることでまっすぐになってしまった状態をストレートネックと言います。頸椎のS字カーブが失われると、首の痛みだけでなく、頭痛や肩こりなどの身体の不調を引き起こします。

　ストレートネックを引き起こす原因は、姿勢です。とくに長時間同じ姿勢を続けることで、ストレートネックが強くなります。

　ストレートネックになっていないかどうか、チェックしてみましょう。

教材 ストレートネックのセルフチェック法のイラストを活用する。

　首の痛みは放っておくと、頭痛や肩の痛みにつながることがありますから、ケアしていきましょう。スマートフォンの画面を見るときの姿勢を気にするだけでも変わりますよ。スマートフォンは目の高さに合わせるようにして、片手ではなく、両手で持つのもおすすめです。パソコンを使うときも、自分に合った机といすを選んで、正しい姿勢でパソコンに向かうようにするといいですね。

　そして、パソコンやスマートフォンを使うときは、30分に1回は休憩しましょう。合間に簡単なストレッチを行うと集中力もアップして疲れにくくなります。

2）ストレートネックの予防に効果的なストレッチをできるようになる

　ストレートネックに効果的なストレッチをやってみましょう。首や肩をゆっくり伸ばして気持ちがいいと感じられるところで続けるのがいいですよ。毎日、スマートフォンを使った後などにストレッチを続けましょう。

教材 資料プリント（ストレートネックの改善・予防に取り入れたい簡単ストレッチ）を活用する。

養護教諭の指導への思い

　首の痛み・頭痛・肩こりなどで来室した生徒でストレートネックが疑われる場合に個別指導をしています。スマートフォンやパソコンを長時間使用する生徒とともに生活習慣を振り返り、痛みが体の不調を知らせてくれることを確認しています。また、ストレッチをすれば痛みが和らぐことを実感できます。生徒が健康に対する意識を高めるとても重要な時間になります。

中学校・個別

マスクによる肌トラブルを予防しよう！

指導のポイント

・マスクによる肌トラブルの原因を知る

・マスクによる肌トラブルの予防法を理解し、対処できるようになる

指導の実際

1）マスクによる肌トラブルの原因を知る

> マスクをしてから肌が荒れ出して。ニキビも増えた気がする…。

　　マスクをずっとしているものね。肌荒れが起きても、マスクを外しにくい状況ですが、工夫できるところがないか一緒に考えてみましょう。

　　マスクによる肌荒れの原因は、大きく３つ考えられます。

　　１つ目は摩擦による刺激です。マスクが肌に直接触れると、摩擦による刺激から肌荒れやかぶれ（アレルギー性や刺激性接触皮膚炎）を起こしやすくなります。それから、肌の表面は角質に覆われていて、外部の刺激から守ってくれていますが、毎日マスクの繊維とこすれあうことで、角質が少しずつ削られてしまいます。肌の「バリア機能」が低下して、ますます刺激を受けてしまうという負のスパイラルを招くこともあります。

　　２つ目は蒸れの影響です。マスクの内側は吐く息で蒸れて高温多湿になり、ニキビを引き起こすアクネ菌などの細菌や雑菌が増殖しやすくなっています。

　　３つ目は肌の乾燥です。マスクをつけている間は吐く息がこもっているので、肌が潤っているように感じるかもしれません。しかし、マスクを外すと一気に内側の水分が蒸発し、同時に肌の水分まで奪ってしまうことになり、逆に乾燥を引き起こします。肌が乾燥するとバリア機能が正常に働かなくなり、皮膚トラブルを招いてしまいます。

2）マスクによる肌トラブルの予防法を理解し、対処できるようになる

　　マスクによる肌トラブルを予防するためのポイントを紹介します。できること

を試してみましょう。

　まずは、自分に合ったマスクを選ぶことです。感染拡大を防ぐ上では不織布マスクの方が効果を期待できるかもしれませんが、布やガーゼタイプのマスク（綿のものが望ましいです）だと肌への刺激を抑えられます。そのときの状況や肌の状態によって使い分けるといいでしょう。不織布マスクを使う場合でも、同じ大きさの綿のガーゼを肌との間に挟むと刺激が和らぎます。また、マスクが小さいと摩擦を起こしやすくなるので注意が必要です。

　次に、こまめに汗を吸い取ることが大切です。マスクの着用中は、熱がこもって汗をかきやすくなります。汗が肌についたままにしておくと、かゆみやあせも（汗疹）などの肌トラブルにつながるため、吸収性のよいタオルやガーゼでこまめに汗を吸い取りましょう。その場合、肌をこすらないように軽く押してください。マスクが汗で湿った場合は、新しいものに交換することをおすすめします。また、マスクを洗う際の洗剤や柔軟剤の成分によって皮膚炎が悪化しやすくなる場合がありますので、注意が必要です。

　そして、スキンケアで十分に保湿します。肌のバリア機能をきちんと働かせるためにも、十分な保湿が必要です。帰宅後はすぐに手を洗い、清潔な手で洗顔料をしっかり泡立てて顔を洗いましょう。肌をゴシゴシこすると逆に肌を傷つけますよ。洗顔後はすぐに化粧水などで保湿してください。保湿することで油分がクッションとなり、マスクの刺激も和らげてくれます。

　✦hint!✦ 洗顔方法は、「思春期に多いニキビのケア」（65頁）の資料を参考にしてください。

　日焼け止めの刺激にも注意が必要です。すでに肌荒れを起こしている場合や、肌が敏感なときは、マスクで隠れる部位に日焼け止めを塗るのは避けた方がいいでしょう。とはいえ、紫外線によるダメージもバリア機能を低下させる要因となりますし、マスクで紫外線の影響を完全に防ぐことは困難です。つばの広い帽子や日傘を利用するなど、日焼け止め以外の方法で UV 対策を行いましょう。

　どうですか？　できそうなことはあるかな？　実際にやってみてどうだったか、また聞かせてくださいね。

養護教諭の指導への思い

　コロナ禍でマスク生活が当たり前になりました。肌荒れのストレスが少しでも軽減できるように、皮膚の構造をもとにした対処法を伝えています。外見が気になる年頃なので、生徒が実践し、改善できるところまで見届けていきたいです。また、保健だよりや掲示物で、予防法を全体へ啓発していくことも大切だと思います。

性の多様性
～性別の違和を感じているあなたへ～

指導のポイント

・性に関する個々の感じ方の多様性を理解する
・具体的な困り感を共有する

準備するもの 🔘 ワークシート

───── 指導の実際 ─────

1）性に関する個々の感じ方の多様性を理解する

実は、自分の性別について、みんなとちょっと感じ方が
違うことがあるというか、これってやっぱり変ですか？

　今、日本で性別に違和感を感じている人は、民間の調査で 10 人～ 13 人に 1 人と言われています。でも、どんなふうに感じているかは人それぞれです。あなたのように感じる人は多くはないかもしれないけれど、変ではないですよ。とくに思春期は多感な時期で感じ方はさまざま、周りと違うかもしれないと不安になったりすることもあるけれど、そもそもまったく同じ考え方や感じ方の人はいないから、あまり心配することでもありませんよ。

　性には、生まれたときの戸籍上の性別、身体（からだ）の性や、自分で自分をどのような性別だと思うかといった心の性、好きになるのはどの性別かといった性的指向、そして、服装やしぐさ、言葉遣いなどの表現の性というように、さまざまな性があります。

　その程度もグラデーションになっていて、本当にさまざまです。よく話題になる LGBT などは、もちろん少数ではあるけれど、その枠に入らない場合もあって、そもそも、どんな性別の人を好きになるかとか、自分をどんな性だと認識しているかとかは一人一人違うということです。

　それよりも、その違和感がどの程度なのか、具体的に学校生活で困っていることはないのか、まずは、具体的にあなたの感じ方をできるだけ理解することが大切だと思っています。そして、どうすれば、あなたがこれからの毎日がすごしや

すくなるのかということについて、一緒に考えていきましょう。

自分でも、どうなのかよくわからない。

2）具体的な困り感を共有する

では、いくつか質問をしますね。もちろん、答えたくないことは、無理に話をしなくても大丈夫です。答えられる範囲で話してみてください。

①あなたがその違和感を覚えるようになったのはいつ頃から？
②服装は、どんなものが好き？
③学校のトイレで困ったことはない？
④体育とか、水泳の授業で着替えがあるけど、気になる？
⑤他の授業で、困ったことはある？
⑥このことを、誰かに相談したことはある？
⑦家族とか、親しい人とか、クラスのみんなとか、周りには、打ち明けたい？
⑧その他に、今困っていることとか、質問とか、伝えたいことはない？

hint! それぞれの対応策を一緒に考えます（ワークシートを活用すると話しやすいです）。他の人にも相談が必要な場合が多いので、情報を誰と共有してよいか確認をとります。また、必要であれば、相談できる関係機関を紹介します。

教　材 ワークシートを活用する。

今日は話してくれてありがとう。すぐには解決できないかもしれませんが、一緒に考えていきましょう。また困ったことがあれば、いつでも相談してください。

養護教諭の指導への思い

性別の違和感を覚える生徒と話をしていると、自分の感じ方を理解してもらえることだけで安心すること、実際にどのような場面で困り感を感じているのかについて理解し、相談しながら具体的に対応を考えていくことが、前向きに進む力になると感じています。

<table>
<tr><td>中学校・個別</td><td>迷走神経反射を知ろう</td></tr>
</table>

・血管迷走神経反射失神のメカニズムを知る
・血管迷走神経反射失神を起こしやすい人、またその対処法を理解する

準備するもの 資料プリント（血管迷走神経反射失神により倒れる前の前兆） ワークシート

指導の実際

1）血管迷走神経反射失神のメカニズムを知る

（気分不良で失神を起こし、しばらく横になり休養後、バイタル安定、気持ちも落ち着いてきた頃、失神したときの状況をたずねて、）びっくりしたね。気分はどうですか？

> もう大丈夫です。

気が遠くなったときのこと、覚えていますか？

> 目の前が真っ暗になって。吐きそうになって…。

ここ1ヵ月以内に、頭を打ったりしていないかな？（脳脊髄液減少症の可能性を確認しておく）

> いいえ。

詳しい原因はちゃんと検査しないとわからないけれど、迷走神経反射を起こしたのかもしれませんね。

ヒトの体は交感神経と副交感神経で調整されていて、交感神経が活発に働くと活動中の状態に、副交感神経が働くと休息中の状態になります。

副交感神経である迷走神経が、痛みや緊張、不安やストレスなどさまざまな要因で働くことで、血管が拡がり血液の流れがゆっくりになって、脳に回る血液が

減り、症状が出ます。

　でも、これは誰にでも備わっている生体防御反応だから不安にならなくても大丈夫ですよ。横になって脳に血液が巡るようにしてあげるとすぐによくなります。

2）血管迷走神経反射失神を起こしやすい人、またその対処法を理解する

　とくに子どもに起きやすい迷走神経反射には前兆があります。前兆を感じたら、転倒を防止するためにしゃがみましょう。急に倒れて頭を打つようなけがをしないように、できれば横になることが大事です。

　教　材　資料プリント（血管迷走神経反射失神により倒れる前の前兆）を活用する。

　迷走神経反射は、起こしやすい体質の人と、起こしやすい場面があります。チェックカードで確認してみましょう。

　教　材　ワークシートを活用する。

　起こしやすい人に当てはまったら、対処法を知っておくといいですよ。日頃から水分をよくとり、睡眠不足に気をつけてすごすようにしましょう。できるだけストレスをためないような生活を心がけるといいですね。

養護教諭の指導への思い

　一過性の失神を起こし、横にすると短時間で回復する、いわゆる血管迷走神経反射を繰り返す生徒がいます。そういった生徒の「また起きたらどうしよう」という不安を軽減するための保健指導です。ただし、他の原因が考えられる場合もありますので、一度しっかり医療機関で診てもらうこともすすめます。

中学校・個別　保健室で行う応急手当　①爪のトラブル

指導のポイント

・爪のトラブルとして、巻き爪・陥入爪を知る
・爪のトラブルの予防や手当を知り実践する

準備するもの　資料プリント（巻き爪と陥入爪）

指導の実際

1）爪のトラブルとして、巻き爪・陥入爪を知る

どうしたのかな？　足が痛いのかな？

爪が刺さって痛いです。また巻き爪になりました。爪の形がよくなくて…。

教材　資料プリント（巻き爪と陥入爪）を活用する。

　　歩くときに、地面からの力が親指に加わるだけでなく、人差し指によって上からも押されます。そうなると親指の爪はまっすぐ伸びることができなくて、巻き爪になります。それから、深爪をしていると、足の指に力が加わった際に、爪の先の皮膚が力を受けて盛り上がります。その結果、爪はまっすぐに伸びることができなくて、厚みが増したり、両端が巻いたりしてくるようになります。

　　爪の両端を切り残してしまって、その爪がとげのように皮膚に突き刺さって、痛みや炎症を引き起こしている陥入爪の状態もありますね。

２）爪のトラブルの予防や手当を知り実践する

　　巻き爪も陥入爪も、正しくセルフケアをすることで、予防したり改善したりすることができます。

　　まず、足の爪を切りすぎないことです。爪の長さは少し長いくらいまで伸ばしている状態が適切です。爪の先は平らでまっすぐな形になるように少しずつ切り、角は少しだけ整える程度でいいです。

　　次に、自分の足に合った靴を履くことです。合わないサイズの靴やヒールの高い靴、先の窮屈な靴なども巻き爪の原因になりますのでやめましょう。

　　セルフケアを行っても痛みが続く場合には、皮膚科やフットケア外来を受診して相談をしてくださいね。

> 正しい爪の切り方がわかりました。
> 自分の足に合う靴を選んで、再発しないようにします。

養護教諭の指導への思い

　巻き爪や陥入爪を繰り返す生徒は多く、学校生活に影響が出ている生徒もみられます。皮膚科へ行く時間はないと、軽く考えて放置している場合も少なくありません。

　視覚に訴える資料で巻き爪のメカニズムを理解できると、セルフケアにつながります。自分の爪のようすにも関心を持ってほしいと願っています。

保健室で行う応急手当
②捻挫（靭帯損傷）

指導のポイント

・捻挫（靭帯損傷）を知る

・捻挫（靭帯損傷）の手当や予防法を知り実践する

準備するもの　　資料プリント（捻挫を知る！）

指導の実際

1）捻挫（靭帯損傷）を知る

> 足首を捻りました、痛くて歩けません。

　捻挫したかな？　どのような状況で捻ったのか教えてください。

【教材】　資料プリント（捻挫を知る！）を活用し説明する。

　足首や指の関節には骨と骨をつなぐ靭帯があります。骨と靭帯の形によって関節の動かせる範囲が決まっています。そのため、スポーツや転んだときなどに足首や指を不自然な形に捻ってしまうと、関節の靭帯などが傷つきます。このけがを「捻挫」や「靭帯損傷」と言います。

　損傷してしまった靭帯がもとの状態に戻るまでには軽傷でも2週間ほど、重傷なら6～8週間ほどかかると言われています。靭帯は丈夫で強い結合組織ですが、靭帯の断裂の状況によって治療が異なります。

+hint!+ 実際には、生徒の痛みの訴えに対する応急処置をしながら、捻挫の説明をすることが多いと思います。

2）捻挫（靭帯損傷）の手当や予防法を知り実践する

 　まず、安静にして（Rest：安静にする）しっかり冷やしましょう（Icing：冷やす）。包帯を巻いて圧迫して（Compression：圧迫する）、少し足を挙げましょう（Elevation：挙上する）。応急処置の基本は、4つの処置の頭文字をとって「RICE」と呼んでいます。

　処置をしても腫れがひどくて歩けず、痛みが強ければ、病院で診てもらいましょう。

　捻挫予防には、準備運動が大切です。とくに一度捻挫すると、繰り返すことがあると言われています。それは完全に靭帯がもとに戻っていないために起きたり、周りの筋肉や靭帯が固まった状態になるためです。再び捻挫しないために、しっかり準備運動をすることが大事です。サポーターやテーピングを使って捻挫しやすい足首や指などを守るといいですね。

養護教諭の指導への思い

　捻挫（靭帯損傷）は日常的に多いけがですが、とくに体育会系の部活で頑張っている生徒にとっては安静が求められるつらいけがだと思います。しかし、骨と靭帯の関係を解剖学的に説明すると、なるほどと理解してくれます。理解すると、予防行動がとれます。さらに、RICEの処置の意味を理解することにもつながります。捻挫を軽く考えて無理してしまい、悪化させることのないようにと考えています。

中学校・個別 頭痛ってどうして起きるの？
～片頭痛と緊張型頭痛～

指導のポイント

・頭痛の原因を知る

・頭痛の対処法を知って実践する

準備するもの 🔵 資料プリント（あなたの頭痛タイプ診断） 🔵 資料プリント（片頭痛と緊張型頭痛の対策と予防）

指導の実際

1）頭痛の原因を知る

頭が痛いのはつらいね。どんなときに痛みますか？

> 雨の日は痛くなることが多いです…。

◆hint!◆ まず、生徒の訴えを聞き、他の原因で起こっている頭痛ではないことを確認します。発熱や嘔吐などを伴わないことを確認できた場合に、個別指導を続けます。

雨の日は頭痛が起こることが多いようですね。「気象病」や「天気病」って聞いたことはありますか？

気温や気圧などの気候の変化によって引き起こされるさまざまな症状を総称して「気象病」と呼びますが、気象病の症状の中で、頭痛が最も多い症状で、「天気頭痛」とも言われています。

2）頭痛の対処法を知って実践する

子どもの頭痛で多いものに「片頭痛」と「緊張型頭痛」があります。

片頭痛は、頭の片側もしくは両側が脈を打つようにズキズキと痛みます。片頭痛が起こる前には、目の前がチカチカしたり、目が回る（めまい）といった症状が現れることがあります。

緊張型頭痛は、後頭部、こめかみ、額を中心に頭重感や圧迫感、締めつけられるような痛みがジワジワと発生してしばらく続きます。主な原因は、頭や首、肩

61

の筋肉が緊張することで血行が悪くなることとされていますが、ストレスなど精神的な緊張が引き金になることもあると考えられています。

　どちらも気圧が低くなると症状が悪化することはあります。どんなふうに痛いのか、頭痛チェックシートにチェックしてみましょう。

教材 資料プリント（あなたの頭痛タイプ診断）を活用する。

　頭痛はその種類によって対処法が異なります。適切に対処することで、痛みを軽減することができます。また、痛みがひどくないときに、自分の痛みを説明したり、どんなときに頭痛が起こるかを振り返ったりすることも大切です。そのためにも、頭痛ダイアリーをつけるといいですね。自分でできるオリジナルな予防法が見つかるかもしれませんよ。頭痛対策を一緒に考えていきましょう。

教材 資料プリント（片頭痛と緊張型頭痛の対策と予防）を活用する。

　それから、頭痛薬（鎮痛薬）を月に 10 日以上飲んでいる場合、薬の飲みすぎによる頭痛（薬物乱用頭痛）の可能性があります。月経に伴う頭痛も、決して当たり前のことではありません。

　頭痛は我慢しないで、頭痛専門医を受診しましょう。

養護教諭の指導への思い

　生徒が頭痛を訴えて来室した場合の個別指導に活用しています。頭痛は自覚症状のため客観的なデータで痛みを評価することは難しいですが、保健室来室時の様子や頻度で、理解しようと試みることはできます。場合によっては、頭痛ダイアリーや頭痛アプリの紹介もして痛みに寄り添いながら、一緒に原因を考えたり、予防できる対策を実践していきたいと思っています。

<table>
<tr><td>

中学校
・
個別

</td><td>

生理痛への対処

</td></tr>
</table>

指導のポイント

・生理痛を和らげる方法を知る
・婦人科受診の目安を理解する

準備するもの　 資料プリント（婦人科受診の基準）　 下腹部サンドのイラスト

指導の実際

1）生理痛を和らげる方法を知る

（下腹部痛を訴える女子生徒に対して）顔色が悪いね。お腹の痛みはどうですか？

> お腹が痛いです。今日１日目で…。
> いつもは薬を飲んでくるのですが、今日は忘れてしまって。

それはつらいですね。まずは温めましょう。下腹部だけでなく仙骨を温めると体全体が温まりますよ。体を冷やさないように、温かい飲み物を飲むようにしてくださいね。

教材 下腹部サンドのイラストを活用する。

薬も上手に使っているようですね。持っている痛み止めは飲めば効くのかな。

> 効くときと効かないときがあります。

薬は痛くなってから飲むのではなく、早めに飲むことがポイントです。
よく痛みが限界に達してから痛み止めを飲む人がいますが、そこまで我慢する

63

と逆に痛み止めの効果が出にくくなりますよ。経血量が多い1日目や2日目など、痛み出す前に服用する方が効きが早いです。

　もし、タイミングよく服用しても効かなかったり、日常生活に支障があるほどの生理痛がある場合は、早めに婦人科で相談するといいですよ。生理痛に我慢は禁物です。

2）婦人科受診の目安を理解する

　婦人科というと、思春期の女の子には、行きにくいイメージがありますが、診察時に必ず内診（下着をとって特別な台に座り子宮や卵巣の様子を調べる検査）をしなくてはいけないというわけではありません。

　思春期の子どもであることと、相談したい内容をあらかじめ伝えてから受診しましょう。生理痛が毎回ひどい場合や、受験や学校行事でどうしても生理の時期をずらしたいときなどにも相談に乗ってもらえますよ。

　教材　資料プリント（婦人科受診の基準）を活用する。

　hint!　生理痛を放置すると病気になるリスクが高まることを知ってもらいます。子宮内膜症が起こりやすくなることや、生理以外のときにも痛みを感じるようになったり、チョコレート嚢胞という癌化のリスクがある血腫ができてしまうことを伝えます。

養護教諭の指導への思い

　これから長い期間つきあうことになる月経。自分なりの対処法を見つけて乗り切ってほしいです。生理痛で鎮痛剤を飲むことをためらう人は多いですが、痛みのピークは生理中1日か2日。薬の服用がくせになることや、副作用のことも心配することはないことも伝えます。生理痛での来室が、ためらいがちな鎮痛剤の服用や婦人科受診に関する誤解を解く機会になればと思っています。

中学校・個別　思春期に多いニキビのケア
～ニキビのことを徹底解剖しよう～

指導のポイント

・思春期に多いニキビの原因を知る　・ニキビを悪化させないスキンケアができるようになる
・ニキビケアにはライフスタイルが大切であることを理解する

準備するもの　 資料プリント（知っておきたいニキビのこと）

指導の実際

1）思春期に多いニキビの原因を知る

「思春期ニキビ」と「大人ニキビ」って違いますか？

　10代に多く見られる「思春期ニキビ」は、成長期における皮脂の過剰分泌が原因です。毛穴に皮脂がつまりやすくなり、ニキビの原因となるアクネ菌が増殖しやすくなっています。ホルモンバランスが安定してくる20代前後になると、思春期ニキビは自然に治っていきますよ。

教材　資料プリント（知っておきたいニキビのこと）を活用する。

hint! 興味のある生徒が見ることができるように、資料を拡大して保健室に掲示するとよいでしょう。掲示物を見ながら話してくれることもあります。

ニキビはつぶしても大丈夫ですか？

　絶対ダメです。触りたくなる気持ちはわかるけれど、ここは我慢が大切です。

病院では専用の医療器具を使って皮脂や膿を押し出す方法もあります。自分でできそうと真似をしても、強い痛みが生じるだけで、うまく皮脂や膿を押し出すことはできません。それどころか必要以上に周囲の皮膚を傷つけたり雑菌が入ってしまったりすることがあります。そうなるとニキビが治りにくくなるだけでなく、皮膚がデコボコとした「ニキビ痕」が残る可能性もあります。

2）ニキビを悪化させないスキンケアができるようになる

　ニキビを悪化させないために、スキンケアの方法を知っておくといいですね。手をきれいに洗ってから、洗顔料をよく泡立てて、フワフワの泡を顔に乗せて優しく洗顔してね。毎回、洗濯されたきれいなタオルを使うことも大事です。

3）ニキビケアにはライフスタイルが大切であることを理解する

　それからストレスや睡眠不足、栄養バランスが偏った食事など、日頃の生活習慣がニキビの悪化につながることもあります。
　何か思い当たることはないかな？

お菓子食べてしまっているかも。便秘気味だし、ストレスもあるなぁ…。

　栄養バランスのとれた食事をとって、上手にストレスを解消し、しっかりと睡眠をとりましょう。それから、髪の毛が触れると、雑菌が入りやすくなるし、刺激になって悪化することもあるので、ピンで止めるなどして皮膚を刺激しないスタイルを心がけることも大切です。ニキビケアにはいろいろなポイントがありますね。今日からやってみましょう。
　初期のニキビは適切なケアで改善するけれど、炎症を起こしてしまったときは、痕が残らないように皮膚科を受診するといいです。

養護教諭の指導への思い

　ニキビで悩んでいる生徒が来室したときに、個別指導で資料プリントを活用しています。ニキビで悩んで自信をなくしてしまう生徒がいますが、他にもストレスを抱えていることも少なくありません。個別に生活のようすを聴くことができるよい機会ともなります。ニキビは正しいケアをすればひどくなることはありません。自信を回復させる一歩になることを願って長期的に様子をみていくことが大切だと感じています。

中学校・個別

体の成分に注目しよう

指導のポイント

- **身長や体重だけでなく、体成分から自分の健康を考える**
- **「見た目」に影響するのは何かを理解する**

準備するもの 不健康なやせの人のイラスト　資料プリント（私たちの体は食べたものでできている）
ワークシート

指導の実際

1）身長や体重だけでなく、体成分から自分の健康を考える

今の体のようすを見てみましょう。

また体重が増えてしまった。やせなきゃ。

やせてる方が本当にいいのでしょうか。間違ったダイエットをして、気づけばこんなふうにやせすぎてしまう人が少なくないです。どんどんやせていくと、脳が「やせすぎ」だとわからなくなってしまうこともあります。

教 材 不健康なやせの人のイラストを活用する。

それでもやっぱり体重は気になるよ〜。

では、私たちの体は何でできているのか、知っていますか。

ヒトの体は、半分以上が水分で、あとは大きく分けてタンパク質、脂肪、ミネラルでできています。どの成分も生きていくために大切な働きがあって、それらの成分でできた筋肉や骨、脂肪や水分の合計が体重です。体重は脂肪の重さだけではないですよね。

教材 資料プリント（私たちの体は食べたものでできている）を活用する。

2）「見た目」に影響するのは何かを理解する

 　見た目には体脂肪だけでなく、筋肉や骨量が大きく影響しています。食べない ダイエットは、体重は減るけれど、落ちてしまうのは筋肉や骨量からです。それ に、エネルギーが極端に足りなくなると、今度はエネルギー源である脂肪をため 込もうとする体になってしまいます。また、骨量は 20 歳頃にピークを迎えて、 加齢とともに徐々に減少してしまいます。骨と筋肉をつくるには思春期の今が最 も大切な時期なんですよ。

> 筋肉と骨をつくるためには、やっぱり運動が大切ですか？

　もちろんです。運動をたくさんすると筋肉量が増えて、骨も強くなります。当 然、体の重さ、体重は重くなりますが、数字とは違って、見た目には締まった印 象になり、メリハリのある体になれます。

　バランスのよい体を目指すなら、よく食べ、よく動くことが大切です。身長や 体重ばかりに気をとられず、自分の体の成分の変化に気をつけるといいですね。

教材 ワークシートを活用する（A5 サイズに切り分けて活用）。

◆hint!◆ 保健室に体組成計があれば、測定して変化を記入できるよう
にしてもよいです。また、毎年継続的に測定して学校の平均
値を出し、子どもたちが自分の発育状態を知るヒントとして
活用することもできます。

養護教諭の指導への思い

　成長期に体重が増えるのは当然のことと伝えても、思春期の子どもは数字にばかり目がいくことが 多いです。二次性徴とともに増えていく体重も、その中身に目を向けさせることで捉え方が変わると 思います。今はスーパー銭湯やスポーツ系の習い事の場所にも、体組成計があります。ただ「やせたい」 「太りたくない」という漠然とした感覚から、体の中の成分を意識できる考え方に変わってほしいです。

ダイエットの約束

中学校
・
個別

指導のポイント

・食べないダイエットのリスクを理解する
・標準体重、BMI を知り、体は一人一人違っていて、それが美しいことを理解する

準備するもの 🔵 資料プリント（思春期のダイエットの危険性） 🔵 ワークシート

指導の実際

1）食べないダイエットのリスクを理解する

> やせたくて、朝、昼、食べるのをやめたら、体重が減ってきました。

今のままで十分素敵だと思うけれど、どうしてやせたいと思ったの？

> モデルさんの着ている服がかわいいし、
> 私も同じように着たいから。友だちはみんな私より細いから。

教 材 資料プリント（思春期のダイエットの危険性）を活用する。

　食べないダイエットを始めてから、朝起きにくくなったり、勉強に集中しにくくなったりしていませんか？　今の時期は、子どもから大人の体へと変わるときです。性ホルモンの分泌が増えて、体は変化します。女子の場合は胸の膨らみもみられ、体も全体的にふっくらとするので、太ったと感じる人も多いかもしれませんね。

　この時期にダイエットをすると、女子は生理が止まることがあります。また、

骨粗しょう症や摂食障害につながるリスクが高くなったりします。それだけでなく、肌がカサカサしたり、髪の毛がパサパサになったりしますよ。

2）標準体重、BMI を知り、体は一人一人違っていて、それが美しいことを理解する

　最近、海外ではさまざまな体型の人や肌の色の人がモデルとして起用されることが増えました。高級ブランドではやせすぎのモデルは起用しなくなっていると聞いています。インターネットの動画で見るような体型の人はごく一部の人で、美しく見えるように加工されたものも多いです。むしろやせすぎでない、健康的な体型の人や筋肉がついていてかっこいい人も人気がありますよね。

　友だちは友だちで、あなたはあなたで素敵なところは違います。からだは一人一人違っていて、それぞれが美しいということを忘れないでほしいです。

　教材　ワークシートを活用する。

　BMI、ローレル指数を計算して適正体重も出してみましょう。できたらダイエットの約束を確認しながら、一緒に記入していきましょう。

　（ワークシートに記入できたら）オリジナルなダイエットの約束ができましたね。今日のこのワークシートに記入したもの、すごくいいと思います。毎日、この通りにできなくても、あまり気にしないでね。一人で継続して取り組むのは難しいから、一緒にやっていきましょう。

養護教諭の指導への思い

　生徒が「ダイエットしたい」と来室したときや、体型について話題になったときの個別指導に活用しています。近年、男子の間でも「ダイエット」に対する関心が高まっています。性別に関わらず、一人一人、ダイエットしたい理由や目標、ライフスタイルが異なります。それによって言葉がけも異なりますが、健康的な体型の人をイメージさせて「その人らしくて素敵だね」「筋肉がついていてかっこいいね」と肯定的なメッセージを伝えながらボディイメージについて話し合います。ワークシートを活用しながら、定期的な面談をしています。できるだけ個別指導で信頼関係を築きながら長期的に関わることを心がけています。

中学校・個別　過換気症候群（過呼吸）の発作を起こしたとき

指導のポイント

・過換気症候群（過呼吸）の症状と対処法を理解する
・予防法を考える

準備するもの　資料プリント（「息苦しい」と感じたときの対処法）　●パルスオキシメーター（準備できれば）

指導の実際

1）過換気症候群（過呼吸）の症状と対処法を理解する

（過換気症候群の発作が疑われる生徒が来室。ソファーやベッドなど一人でゆっくりと休養できる場所で）今の症状を教えてね。

□呼吸ができない感じがする？

□心臓もどきどきしている？

□脈を測るね。（少し速い）

□今、手や足がしびれたりしていない？

<対処法>

□慌てないで、落ち着いて。

□口をすぼめて息をゆっくり長く吐いてみましょう。

□何回か、繰り返してみて。はい、吐いて……少し吸って、上手だね、だんだん息が整ってきましたよ。

□「だいじょうぶ、すぐに治まる」と心の中で思ってみてください。

□また同じようなことがあったら、保健室など、できるだけ一人で安静になれるところに行くといいですよ。

2）予防法を考える

（息苦しさが治まったら）このようなことは体と心の不安や緊張が高まったり、疲れや睡眠不足で起こることが多いですが、最近頑張りすぎたり、不安に思ったり疲れがたまったりといったようなことはありませんか？

71

部活の試合が近くて、今度また負けたらどうしようと不安で……。
最近、なかなか寝つけなくて、疲れがたまっていたのかもしれません。

✦hint!✦ 息苦しさが治まったようすを確認して、生徒と一緒に状況を確認します。

　そういう状況だったのですね。よく頑張ってきましたね。でも心と体が疲れているサインなので、まずゆっくり休んで、生活リズムをしっかり整えることが大事です。心と体はつながっています。何か不安なことがあれば、人に話したり頼ったりしていいですよ。少し気持ちに余裕ができれば、また頑張れるようになります。今はゆっくり休んでください。

　それから、今回のような症状は、血中の酸素と二酸化炭素のバランスが乱れて症状が起こります。また同じようなことが起こったら、対処法を覚えておくといいですよ。できるだけ発作を起こさないよう予防することが大切です。

　自分でコントロールできるよう、練習していきましょう。うまくいかないときや何か困ったことがあったら、また相談にきてください。

教材 資料プリント（「息苦しい」と感じたときの対処法）を配付する。

養護教諭の指導への思い

　部活動の大切な試合や試験などの前になると、疲労やプレッシャーから過換気症候群の発作を起こす生徒がいます。そんなときは、落ち着いて安心感を与えながら、生徒自身が適切に対処できるよう支援していきます。同時に、今の自分の状況を見つめることができるような言葉かけを心がけています。

中学校 ・ 個別	昼間寝てしまう場合の睡眠相談

指導のポイント

・昼間に眠気を感じる原因を考える
・睡眠の効果と質のよい睡眠をとるポイントを知り、具体的な改善策を考える

準備するもの 資料プリント（睡眠の効果） 資料プリント（ぐっすり眠るためには？）

指導の実際

1) 昼間に眠気を感じる原因を考える

 昼間に強い眠気があるみたいですね。原因はいろいろあるから、一緒にあなたの睡眠の問題を考えてみましょう。

◆hint!◆ 生徒の睡眠の状況をよく聞きとり、一緒に原因を探っていきます。いつも寝る時間やいつから眠れなくなったのかなども確認します。

2) 睡眠の効果と質のよい睡眠をとるポイントを知り、具体的な改善策を考える

 睡眠があまりとれないと、体と心が疲れてきますね。今の元気度は 10 が最高だとしたら、そのうちどれくらいですか？

最近だるいし、眠くてたまらない、元気度は 3 くらいかなぁ…。

もう知っていることが多いかもしれないけれど、睡眠の効果には、次のようなものがあります。

教 材 資料プリント（睡眠の効果、ぐっすり眠るためには？）を活用する。

１つ目は、疲労回復。睡眠中に出る成長ホルモンが、体の細胞の新陳代謝を促して、傷ついた皮膚や筋肉を修復していきます。

　２つ目は、体を成長させたり脂肪を燃焼したりする効果があります。

　３つ目は、美肌効果。成長ホルモンは、新陳代謝を促すので、肌荒れ改善や美容効果もあります。

　４つ目は、免疫力のアップ。睡眠を促すメラトニンというホルモンには、体の抵抗力、免疫力をアップさせる効果があると言われています。

　そして、５つ目は集中力や学習能力などの脳機能がアップするそうです。記憶には、脳の「海馬」というところが関わっていることがわかっていて、睡眠をとることで記憶の整理や定着をすることができています。

　最後に６つ目、ストレスを和らげる働きもあります。睡眠中に出るセロトニンというホルモンは、幸せホルモンとも呼ばれていて、不安感や不快感からくるイライラを抑えるそうです。

　ぐっすり眠るためのポイントは、質と量とタイミングが大切です。

　この図のように、眠りにはリズムがあって、最初の寝入りの90分が一番深い眠りに入ります。その後深い眠りと浅い眠りを交互に繰り返して、さまざまなホルモンを出しながら、私たちの健康を維持しています。

　まず、眠りのリズムを崩さないよう、生活リズムや体内時計を大切にしましょう。朝の光や食事、昼間の適度な運動が夜の眠気を誘うポイントです。午後の食後に起こる眠気には、10分程度の仮眠をとるとすっきりします。

　それから、寝入りをよくするために、夜眠くなったら眠れるようにしておくこと。夜は逆にスマートフォンやデジタル画面など強い光は極力見ないようにして、カフェインなどの刺激物も避けた方がいいです。ぬるめの入浴や早めの食事、自分に合った枕や寝具で眠ることが大切です。手が温かくなると眠くなると言われています。リラックスできるように、工夫してみてください。

　また、何かストレスや考えごとがある場合も眠りに影響します。何か気がかりなことや、いろいろやってもうまくいかないときは、いつでも相談してください。

養護教諭の指導への思い

　校内を巡回していると、時々「授業中に寝てしまう」生徒を見かけます。昼間の眠気の原因はさまざまで、睡眠障害の他にも家庭や人間関係の問題、学習の課題など、背景が複雑な場合もあります。困った生徒と決めつけず、生徒の体調への気遣いや「困り感」に寄り添う声かけが生徒との信頼関係にもつながります。何度か続いたり心配な様子があったりするときは、ぜひ担任と相談してみましょう。

<table>
<tr><td>高等学校・集団</td><td colspan="2">ストレスと心身の不調について考えよう</td></tr>
</table>

指導のポイント

・精神疾患は思春期の時期から発症する可能性があることを知る　・代表的な精神疾患を理解する
・心の不調を重症化させない方法や医療機関を受診する目安を知る

準備するもの　📀 資料プリント（思春期にみられる心の健康問題）

指導の実際

1）精神疾患は思春期の時期から発症する可能性があることを知る

みなさんは、心の不調になったことはありますか。

> ある。

それは、どんなときでしょうか。失敗したとき、失恋したとき、けんかしたとき、成績が落ち込んだときなど、心の不調が続くと精神疾患を発症しやすくなることがあります。今日は、心の不調について学び、精神疾患についての正しい知識と対処法を考えましょう。

失敗したり、けんかしたり、思うように物事が運ばなかったりする経験は誰にでもありますね。そんなときはどうなりますか？

> 元気がなくなる。眠れなくなる。食欲が落ちる。

> 逆に食欲が止まらない。勉強に集中できない。涙が自然と出る。

いろいろなストレスがみなさんの心に強いプレッシャーを与え続けることで、心だけでなく体の調子が悪くなることもあります。あなたが「何となく調子が悪い」「調子の悪い日が続く」と思ったら、保健室に相談に来てください。スクールカウンセラーや医療機関に相談した方がよいかどうかを一緒に考えましょう。

2）代表的な精神疾患を理解する

　　思春期の時期に起こりやすい心の不調や精神疾患の代表的なものに、うつ病、不安神経症などがあります。これらを学習していきましょう。

教材　資料プリント（思春期にみられる心の健康問題）を活用する。

（1）うつ病

　毎日の生活の中で強いストレスを感じることやショックな出来事は、誰にでもありますね。そんなときは誰でも気持ちが落ち込みつらくて悲しくなりますが、数日したら少しずつ気持ちが落ち着いていくものです。しかし、何週間も気持ちが沈んでいる状態が続いているとしたら、もしかしたらそれは「うつ病」なのかもしれません。

　うつ病の症状は、始めのうち、体の不調として現れることが多いです。こんなことはありませんか？「眠れない」「朝の調子は悪いけれど、午後から夕方にかけて元気になる」「疲れやすく、何もやる気になれない」「悲しく憂うつな気分が1日中続く」「何をしても楽しくない」「集中力がなくなる」「物事を決められなくなる」など。

　うつ病は、脳内の神経伝達物質（セロトニン、ノルアドレナリン）が減ることが原因で起こる病気だと言われています。これらの神経伝達物質は気持ちを安定させ、やる気を起こす働きがあり、減少すると気力がなくなって憂うつになります。うつ病は日本人の約100人に約6人（厚生労働省HP「みんなのメンタルヘルス総合サイト」）が一生のうちにかかると言われていて誰もがかかる身近な病気といえます。几帳面で責任感の強い人、誰からも信頼される真面目な人がなりやすいと言われていますが、性格や心が弱いからうつ病になるのではありません。

　コロナ禍のように生活環境の変化が大きなストレスとなってうつ病の原因になることがあります。また、小さなストレスが積み重なってうつ病となることもあります。

　うつ病は医療機関に相談して治療を受けたり、カウンセリングを受けたりすることで改善することができます。早目に、相談することがとても大事です。

（2）不安神経症

　たくさんの人の前で話すときや、大事な試験や試合のときなど、誰でも緊張して汗をかいたり心臓がどきどきしたりします。しかし、心配や不安感を強く感じて困ることが続くようなら、不安障害（不安神経症）かもしれません。

　不安障害は、精神的な不安感から心と体に変化が起きる病気で、パニック障害、社会不安障害、強迫性障害などがあります。

①パニック障害

　　突然激しい不安感に襲われて、心臓がどきどきする、めまいがしてふらふらする、呼吸が苦しくなるといった状態（パニック発作）になり、場合によっては死んでしまうのではないかという恐怖感を感じます。また発作が起きたらどうしようという恐怖感から、外出できにくくなってしまうことがあります。1000人に6人〜9人がかかると言われています（厚生労働省HP「みんなのメンタルヘルス」）。

②社会不安障害

　　人前で話すのが苦手な人は、「あがりやすい性格」と言われたことがありませんか。内気な性格だと思って我慢したり、見すごされやすかったりする病気です。人に注目されることやはずかしい思いをするかもしれないという強い不安感から緊張感や恐怖感を強く感じてしまいます。そのため、学校に行きにくくなったり、人と会うのを避けるようになったりすることがあります。

③強迫性障害

　　例えば、「手にウイルスがついている」という強い不安感によって、肌荒れを起こすほど手を洗い続けたり、アルコール消毒を繰り返したりするなどの行動が現われます。強迫性障害は、日常生活の中で誰もがすること（戸締まりの確認や手洗いなど）で起こることが多いので、神経質なだけなのかどうかという判断が難しいです。もし、繰り返して同じことをしていないと不安であれば、医療機関に相談することを考えてみましょう。世界保健機関（WHO）の報告では、生活に支障を引き起こす10大疾患の1つに挙げられています（厚生労働省HP「みんなのメンタルヘルス」）。

◆hint!◆　「自分の不安感を言葉にするだけでも大変な勇気が必要だったね」と、寄り添い受け止めて、学校内でも情報共有することが必要になります。保護者に伝え、信頼できる専門機関につながるよう、周りの人に助けを求める力（援助希求能力）が大事なことを生徒に伝えたいと思います。

　　　　保健室での対応としては、「否定せず理解を示す」「無理強いをしない」「干渉しすぎない」など生徒との距離感を大切にして寄り添うようにします。生徒

が身だしなみに気を遣わなくなっていないか、言動に変化はないかなどを継続的に観察するとともに、担任をはじめ関係者に情報提供し共通理解をはかり対応策を検討します。学校における生活環境の調整として、教室内の席順や授業中のグループワーク時の配慮等も大事になります。精神疾患が疑われる生徒の場合、保護者への連絡は慎重に行いたいと考えます。

3）心の不調を重症化させない方法や医療機関を受診する目安を知る

誰でも心がつらくなることはあります。けがや病気のときには安静にするように、心が不調なときも無理せず休むことが大切です。いつもと違うと思っているのに無理をすると気持ちの余裕がなくなり、ストレスがたまっていきます。早めに気づき、休養することが大事です。
　では、医療機関を受診する必要があるのはどんなときでしょうか。
　①朝起きられない、夜眠れない
　②頭痛や吐き気がある、学校に行きたくない
　③イライラする、怒りがちである
　④友だちとのトラブルが増える
　⑤口数が減る、表情が乏しくなる
　⑥何となく体調が悪い
　⑦集中できない、考えがまとまらない
　⑧食欲がなく、食べたくないときが続く、やせる、などです。

　私たちはさまざまな人と関わりながら生活しています。信頼できる人に自分の悩みや苦しさを話すだけで気持ちが楽になるはずです。今の状況を客観的に見てもらえると悩みの迷い道から抜け出せたり、別の視点から捉えられたりできます。困ったときは、周りの人に助けてもらっていいのです。何となく、いつもと違うと思ったら、早目に医療機関を受診しましょう。

　大人へと成長していく過程で、思春期に適度なストレスや多様な経験をすることはたいへん意味のあることです。しかし、長い人生において、誰でも過度なストレスが精神的な不調の引き金となって、心の病気を発症する可能性があります。そのため、心の不調時にどのように対応していけばよいかを知っておく必要があります。
　もし、心の不調や病気になっても、それに気づき、周りの人に相談し、必要に応じて医療機関を受診するなどの対処する力を育てておくことが大事です。身体

の不調時に整形外科や内科を受診するように、心の不調時には専門の医療機関を受診し早めの対処によって回復することができます。何より、精神疾患に対する偏見を持たないことも大切だと思います。思春期の時期に「心の不調」について正しい知識を持つことは、豊かな人生を歩むためにとても重要なことです。

養護教諭の指導への思い

　普段から「身体の声」を聴くことに敏感になることで、感染症や疾病の予防になるだけでなく、心の不調にも気づくことができます。生活リズムを整え、ゆっくりと空を見上げ、友だちと無駄話をし、高校生活を楽しむ心の余裕も大事なことだと話していけたらと感じています。

　次の点についても、生徒に個別指導するようにしています。

　①安心して相談できる人や場所

　家族・兄弟、友人、学校や塾の先生、スクールカウンセラー、保健室の先生、電話相談などの公的な相談機関などがありますね。

　②上手に相談をするためのコツ

　自分は何を相談したいのか、何をわかってほしいのか、何に悩んでいるのか、一度紙に書いてみるとよいでしょう。

　③相談の後

　相談は1回で終わるとは限らないので、次のためにも感謝の気持ちを伝えましょう。場合によっては、あなたが望むような答えが得られないことがあるかもしれません。そんなときは「がっかりしない」「そんな考えもある」「自分で悩みを言葉にして他者に伝えることができた」と前向きに捉えましょう。継続して相談を続けてもよいし、少し時間をおいてもよいでしょう。

　④周りの誰かが心の不調だとしたら自分にできることは何があるかを考えてみる

　表情が暗く元気がない、遅刻・早退・欠席が増える、体調不良の訴えが多くなる、周りとの交流や休み時間、放課後の誘いを避けるようになる、いつもはできることができなくなりミスが増えたようにみえる。そんなとき、「どうしたの」「疲れてない？」「何かあれば言ってね、困ったときはお互いさまだよ」など声をかけるとよいでしょう。その一言がきっかけで、相談が始まるかも知れません。先生や親に自分が感じた友だちの不調を話してみて客観的な意見を聞くのもよいですね。

【付記：その他の精神疾患】

　高等学校保健体育科の学習指導要領の内容として、「（オ）精神疾患の予防と回復：精神疾患は誰もが罹患しうること、若年で発症する疾患が多いこと、適切な対処により回復し生活の質の向上が可能であることなどを理解できるようにする」と示されています。精神疾患の特徴として、自らが病気であることに気づきにくいという特徴もあります。

　厚生労働省令で定める疾病として、2013年から従来の4疾病（がん、脳卒中、糖尿病、心疾患）に精神疾患が追加され5疾病となりました（医療法施行規則第30条の28）。その理由として「患者数が増加し、国民に広く関わる疾患となっている」「早期治療への医療連携が必要」「自殺と精神疾患の高い関連性」などが挙げられています。

学校内でも担任を中心に教科担当・部活動顧問等との情報共有に努め、不調生徒や来室生徒を注意深く観察し早期発見に努め、治療の時期を逸しないようにしたいと思います。

次の精神疾患も思春期に発症することがあります。その時々に応じて理解し、対応しましょう。

（1）統合失調症

統合失調症は、心や考えなどがまとまりにくくなる病気です。その結果として、行動や気分、人間関係などにさまざまな影響が出ます。100人に1人弱くらいがかかると言われていて（厚生労働省HP「みんなのメンタルヘルス」）、それほど珍しい病気ではありません。早めに治療するほど症状が重くなりにくいと言われているので、早期発見と早期治療が大切です。統合失調症には、健康なときにはなかった状態が現れる「陽性症状」と、意欲や感情表現が減退する「陰性症状」があります。

「陽性症状」として、他の人には聞こえない声が聞こえる「幻聴」と「妄想」があります。「妄想」は、周りの人が自分を陥れようとしていると思い込んだり、見張られていると思い込んだり、何でも自分に関係があると思い込んだりします。また、考えをまとめることができなくなり、支離滅裂な話をすることもあります。周りの人が説得しても受け入れてくれません。

「陰性症状」としては、無表情で人と関わらなくなります。なるべく早いうちから、医療機関に受診して治療を受けることが重要です。

（2）摂食障害

多様な心身症状や食行動異常を呈する疾患です。摂食障害は思春期の女性の割合が高いと言われていますが、年齢、性別、社会的な背景に関わらず誰でもかかりうる病気です。日本で医療機関を受診している摂食障害患者は1年間に21万人とされていますが、治療を受けたことがない人も多く存在すると言われています（厚生労働省HP「みんなのメンタルヘルス」）。摂食障害は、心身の成長発達と健康、人間関係、日常生活などに深刻な影響を及ぼします。やせすぎることによって、時には生命の危険がある場合もありますが、摂食障害は自らが病気であることを認識しにくいのが特徴ともいえます。摂食障害のサインや症状に気づいたら、できるだけ早く医療機関に受診して治療を受けることが大切です。

（3）自傷行為

「リストカット」「オーバードーズ」などによって、自分の体を傷つけてしまう行為をいいます。リストカットは、自分の体を傷つけることで、心の痛みを解消しようとする行為と捉えられます。オーバードーズは、過量服薬のことで本来の治療目的ではなく、指示された量以上に薬を飲んでしまうことをいいます。

自傷行為をする生徒の背景には複雑な事情があり、それぞれの困難な状況を生き抜くための対処法として自傷行為を行っている場合がみられます。そのため、自傷行為自体がストレ

ス解消の手段となり繰り返されることが多いです。

　「自分の体だから健康を損ねても悪いことではない」というネガティブな気持ちや「自分は大事にされる価値はない」という自尊感情の低さが根底にあります。多くの自傷行為は直接いのちに危険を及ぼすものではありませんが、漠然と「死んでしまっても仕方ないかもしれない」という危うい気持ちも持ちあわせていることがあります。注意深く話を聴き、生徒が落ち着いているときに時間をかけて、自傷行為以外のストレス対処法を一緒に考えていけたらと思います。

（４）適応障害

　日常生活の中で、何かのストレスが原因となって心身のバランスが崩れて社会生活に支障が生じた状態です。ストレスの原因は明確で、それに対して過剰な反応が起こった状態をいいます。憂うつな気分、不安感、頭痛、不眠などの症状が現われますが、適応障害の場合はそれを超えた過敏な状態となり、仕事や学業を続けたり対人関係や社会生活を続けたりすることが困難になります。

　治療法としては、原因となっているストレスを軽減し、心理的に回復させることが必要です。医療機関を受診して薬物治療が必要となることもあります。

　「適応障害」は「うつ病」と似た症状が出るため、早めに医療機関を受診した方がよいと思われます。「うつ病」ではストレス因子は特定できない場合が少なくありませんが、「適応障害」では発症に関与したストレス因子が特定でき、診断の必須条件となっています。心配な生徒がいた場合、受診をすすめることも重要になってきます。

小中連携・集団 姿勢をよくしよう！～中学生に学ぼう～

指導のポイント

・中学生の姿勢をお手本に小学生が自分の姿勢を振り返る
・体幹トレーニングを中学生に教えてもらう

*小学生が中学生を参考に

準備するもの　●授業中の中学生の姿勢の写真　●中学生のメッセージ動画　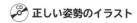　正しい姿勢のイラスト

指導の実際

1）中学生の姿勢をお手本に小学生が自分の姿勢を振り返る

みなさんはいつもどんな姿勢で授業を受けていますか？

> 目が近くなる。背中が曲がる。

　背中が曲がったり、目が近くなったり、足がちゃんと床についていない人が多いですね。実は先日、中学校へ行ったら中学生の姿勢がとてもよかったので写真を撮ってきました。一緒に見てみましょう。

教材　授業中の中学生の姿勢の写真を見せる。

　どんなことに気づきますか？

> 背中がピンと伸びてる！　床にきちんと足がついてる！

　そうですね。とてもきれいな姿勢で、かっこいいですね。みなさんも中学生をお手本にして、よい姿勢をやってみましょう。

　合い言葉は「グー・ピタ・ピン」ですね！　お腹と机の間に「グー」1つ、足を「ピタッ」と床につけて、背中を「ピン」と伸ばしましょう。中学生みたいにかっこいい姿勢になりましたよ！

教材　正しい姿勢のイラストを活用する。

◆hint!◆ 姿勢の合い言葉は、各学校にあるものでよいですが、小
中学校で同じものにすると、一緒に取り組むことができ
ます。

2）体幹トレーニングを中学生に教えてもらう

よい姿勢でいるために中学生がどんなことに気をつけているのか、メッセージ
をくれましたので、聞いてみましょう。

「常に意識して背中をピンと伸ばすといいよ。床に足をつけると姿勢がよくな
るよ。」「姿勢を保つために、体幹トレーニングをやっているよ。」

教材 中学生のメッセージ動画を活用する。

みなさん、どうですか？ 中学生はいつも姿勢を意識してすごしているんですね。
また、姿勢を保つためには筋力が必要です。その筋力を鍛えるために、中学生
は毎日体幹トレーニングをやっているそうです。小学生の姿勢もよくなるよう
に、中学生に教えてもらって体幹トレーニングに取り組んでみましょう。

◆hint!◆ 中学校の生徒会メンバーや保健委員会の生徒などに実際に小学校に来てもらっ
て、直接教えてもらうとよいですが、難しい場合は動画などで紹介してもらい、
練習する方法もあります。

今日はよい姿勢のポイントや、姿勢をよくするための体幹トレーニングなどを
中学生に教えてもらいました。習ったことを活かして、よい姿勢ですごせるよう
にしていきましょう。

中学生みたいになれるように頑張る！

◆hint!◆ 小学生から感想を聞きとり、後日中学校へフィードバックできると、中学生の
達成感ややる気にもつながります。

養護教諭の指導への思い

小中連携で一緒に姿勢指導に取り組めるよう、中学生をお手本にした小学生への指導を行いました。
身近な中学生をお手本にすることで小学生も興味を持ちますし、中学生のやる気や達成感にもつなが
ります。同じ合い言葉で取り組むと、小学生が卒業して中学校へ進学した後も継続した指導ができます。

小中連携・集団　大切な目を守るために

指導のポイント

・近視を防ぐために気をつけることを知る
・視力低下の原因について、中学生が小学生に自分の経験を伝える　＊中学生から小学生へ

準備するもの　（CD）正しい姿勢のイラスト　●目の体操の動画（準備できれば）　●30cmの紙テープ

指導の実際

1）近視を防ぐために気をつけることを知る

 目が悪くなっていないか気になっている人、視力が低下する原因を知っていますか？

ゲームのしすぎとか、テレビを近くで見ると目が悪くなるよって注意される。

そうだね。視力には、そうした日々のくせや姿勢といった生活習慣と遺伝的理由が大きく影響します。遺伝的理由は自分ではどうしようもないけれど、目を大切にするために生活の中でできることはたくさんあります。

近視を防ぐために心がけたいポイントは2つ。心がけることを一緒に考えてみましょう。

（1）正しい姿勢を知る

授業中、正しい姿勢で座ります。目の位置は机から30cm離します。いすに深く腰かけ、両足はペタッと床につけ、肘とひざは直角になる高さの机が理想です。

教材　正しい姿勢のイラストと30cmの紙テープを活用する。

✦hint!✦ 30cmの紙テープは、机と目の距離を知る目安として使います。

（2）外遊びを増やす

　　日光にあたる外遊びが少ない子どもは近視になりやすいと言われています。通学や体育の時間も含めて1日2時間以上は太陽にあたるようにしたいです。

> これ、小学生のときの自分にも教えてあげたいな。

2）視力低下の原因について、中学生が小学生に自分の経験を伝える

　　自分たちの経験をふまえて、近視を防ぐためにできることを小学生に教えてあげましょう。

・「僕はインドア派なので、外で遊ぶより本やまんがに夢中になることが多かったです。でも、目のためには太陽の光をたくさん浴びる方がいいということがわかって、せめて外や窓を開けて読書すればよかったなと思っています」

・「スマートフォンやゲーム機はどうしても顔を近づけすぎてしまいがちです。みんなはどうかな？　私は集中して時間を忘れてしまうことが多いから、タイマーをかけるようにしています」

> 目の体操も私たちと一緒にやってみよう。

✦hint!✦ 動画を見せるか、中学生がやってみせます。

・「（こうして）上下・左右、ぐるっと回す、ギューッとつむってパッと開ける目の体操をして、眠いときにスイッチを入れます（みんなも一緒にやってみよう）」

養護教諭の指導への思い

　　眼軸が伸びて起きる軸性近視は、小学校低学年から中学年に進行するとされています。近視になってしまった中学生の経験談は、小学生の心に響き意識変容につながると思います。小学生に話すために中学生が目の健康に意識を向けられるようになることもねらいの1つです。強度近視に移行させないよう子どもたち自身でできることを伝えていきたいです。

<table>
<tr><td>小中連携・集団</td><td>みんなで病気を予防して、元気にすごそう！
〜保育園向けの啓発動画をつくろう〜</td></tr>
</table>

指導のポイント

・校区の保育園児を対象とした動画を作成する
・保育園児にもわかりやすい内容を工夫する　　　　＊小中学校の保健委員会で一緒に活動

指導の実際

1）校区の保育園児を対象とした動画を作成する

◆hint!◆ 小中学校の保健委員の児童生徒を一同に集めて話し合いを行います。

　小学生と中学生だけでなく、校区の保育園の子どもたちも含めてみんなが元気にすごせるような呼びかけができないかな？　どんな方法で呼びかけたらいいと思いますか？

> 紙芝居？　動画をつくろう！

　なるほど、動画での呼びかけだと保育園の子どもたちも興味を持ってくれそうですね。では、どんな内容にしますか？

> 感染症予防、睡眠、ゲーム、食事…。

　いろいろ意見が出ましたね。では、それらの項目をすべて含めて、病気を予防して元気にすごすための動画をつくりましょう。

◆hint!◆ テーマ、話の内容、役割分担、完成までのスケジュールなどの項目について、小中学生で一緒に話し合って決めていきます。感染症の流行などで集まることが難しい場合は、オンラインでの話し合いでも可能です。

2）保育園児にもわかりやすい内容を工夫する

　保育園の園児にもわかりやすい内容にするためには、どうすればいいかな？

何かのキャラクターを使うとか。○○レンジャーみたいなものはどう？

　○○レンジャーみたいなキャラクターが出てくると、園児も興味を持って見てくれそうですね。話の内容やセリフも、園児がわかりやすいように、やさしい言葉でつくっていかないといけませんね。
　では、役割分担を決めていきましょう。
・レンジャー役などの登場人物　・セリフやシナリオの作成
・衣装や小道具の作成　・撮影するときのカメラマン
・撮影後の動画編集
＊以上の項目について話し合って決める。

　今回は、レンジャー役は小学生と中学生で半分ずつ、セリフやシナリオは中学生が考えて、衣装や小道具は小学生がつくりましょう。撮影は小学校と中学校で半分ずつ、撮影後の動画編集は中学生にお願いします。

♦hint!♦ 完成までのスケジュール等についても話し合い、期日までに小学校と中学校でそれぞれ動画を撮影し、編集担当の中学生が編集作業を行います。編集に関しては、養護教諭も一緒に確認しながら進めた方がいいですね。

　すばらしい動画が出来上がりましたね。これを保育園の園児たちにも見てもらいましょう。

♦hint!♦ 完成した動画は管理職等に内容を確認してもらい、保育園へ連絡をとり、園児に見せてもらえるようにします。児童生徒の顔が映っているため、取り扱いについては事前に保育園側としっかり確認しておくことが必要です。

養護教諭の指導への思い

　小中連携で保健委員会で一緒に活動できることを考えて、校区の保育園向けの動画作成を行いました。結果的に、保育園との連携にもつながりました。子どもたちに主体的に話しあわせることで、その後の活動にも意欲的に取り組むことができます。役割分担などは、発達段階に合わせて調整することも必要です。また、完成した動画の取り扱いについても、管理職と相談して配慮する必要があります。

<table>
<tr><td rowspan="2">特別支援
（小中高）
・
集団</td><td rowspan="2">プライベートゾーン（場所と役割）</td></tr>
</table>

指導のポイント

・プライベートゾーンの場所は水着で隠れるところ、ということを知る
・プライベートゾーンの大切な役割を考える

＊特に小4～小6の間

準備するもの　パワーポイント

指導の実際

1）プライベートゾーンの場所は水着で隠れるところ、ということを知る

　みなさんは、〇年生になりました。小学部を引っ張っていく存在ですね。これからどんどん、体も心も成長していきます。子どもから大人に変化していきます。これから、素敵な大人になるための学習を先生と一緒にしていきます。今日は大切な体の場所についてのお話です。大切な場所のことを「プライベートゾーン」と言います。

　みなさん、プライベートゾーンって知っていますか？

知らない？　何？

　このイラストを見てください。プライベートゾーンは、「水着で隠れる場所」のことです。胸と性器とおしりです。保健の学習では、おっぱいのことを「胸」、ちんちんやおまたのところを「性器」と言います。

そうなんだ！

教材 パワーポイント教材を活用する。

88

hint! イラストを指しながら、体の部位をたずねてもよいでしょう。性器や胸、とい
った言葉は、特に小学部の子どもたちは、日常で使うことが少ないです。その
ため、指導で使う言葉の整理をして統一した表現にすることで、わかりやすい
指導を心がけるとよいでしょう。

2）プライベートゾーンの大切な役割を考える

次に、なぜプライベートゾーンが大切なところなのかを知りましょう。プライ
ベートゾーンは、胸、性器、おしりですね。胸や性器、おしりには大切な役割が
あります。

教　材　パワーポイント教材を活用する。

このイラストを見てください。これは何をしているのでしょう？

> 赤ちゃん！　おっぱいを飲んでる！

そうですね。赤ちゃんがおっぱいを飲んでいます。おっぱいは、赤ちゃんの大
切なご飯です。胸は大切な場所です。

これは何をしているのでしょう？

> おしっこしてる！

そうですね。性器からはおしっこが出ますね。性器はお風呂で洗って、きれい
にしましょう。汚れた手で触らないようにしましょう。

> 赤ちゃん！　かわいい！

実は、初めて聞く人もいるかもしれません。性器は、なんと、赤ちゃんのもと

（いのちのもと）が育つところなんです。だから、いのちに関わる、とっても大切な場所なんですよ。

いのちのもと、そうなんだ!!

これは何をしているのでしょう？

うんちしてる！

そうですね。うんちが出ますね。うんちをしたらおしりをきれいに拭きますね。おしりもきれいにしないといけませんね。

プライベートゾーンには、今話したように、大切な役割がたくさんありますね。水着で隠れているところは、特に大切なところです。自分の体も、自分以外の人たちの体も大切にしましょうね。

養護教諭の指導への思い

　特別支援教育を必要とする子どもたちの中には、学習した記憶が断片的であったり、学習から時間がたつと忘れてしまう傾向があります。そのため、繰り返しの学習が一層大切となります。まずは、プライベートゾーンという場所があること、大切なところであるということを「知る」ことからはじめることで、性被害・性加害の予防の第一歩としていきたいと考えています。

指導のポイント

・プライベートゾーンを触られた人の気持ちを考える

・自分が触られたとき、どうするのかを考える　・他者との適切な距離を知る

準備するもの 💿 パワーポイント

指導の実際

1）プライベートゾーンを触られた人の気持ちを考える

 今日はプライベートゾーンについて詳しく学習します。

教材 パワーポイント教材を活用する。

このイラストを見てください。この男の子は、女の子に何をしているかな？

> 胸を触ってる！

そうだね、ではこの女の子は、どんな気持ちかな？　どんな表情をしてるかな？

> 困った顔してる！　いやな気持ち。やめて、しないで。はずかしい。

そうですね。触られた人は、いやな気持ちがしますね。

自分以外の人（他者）のプライベートゾーンを触ってはいけません。相手は、同性・異性、どちらもダメです（男同士、女同士でも触ってはいけません）。

2）自分が触られたとき、どうするのかを考える

では、触られたとき、自分はどうする？

しないで！　という。やめてという。親や先生に相談する。

　　そうですね。やめて！　といって、手を払うといいでしょう。そして、親や先
生など、大人に相談をしましょう。

　教材 パワーポイント教材を活用する。

　◆hint!◆ 実際に手を払う動作をやってみるとよいでしょう。

3）他者との適切な距離を知る

　　このイラストを見てください。人との適切な距離は、腕 1 本分です。パーソ
ナルスペース（なかよしスペース）と言います。実際に今から、友だちや先生と、
この距離をとってみましょう。

　　最後に〇×クイズをしましょう。

　教材 パワーポイント教材を活用する。

　◆hint!◆ 小学部の児童には、「パーソナルスペース」という言葉がなじみにくいときは、
　　　　　「なかよしスペース」という親しみやすい言葉を使って、適切な距離を教える
　　　　　こともあります。

> **養護教諭の指導への思い**
>
> 　自分以外の他者（同性・異性問わず）の体、とくにプライベートゾーンは触ってはいけないことを
> 何度も何度も繰り返し教えていくこと、併せて、触られた人の気持ちや触られたときの対処法も教え
> ていくとよいでしょう。他者との距離についても、視覚的に掲示して、実際に先生や友だちと距離を
> とってというふうに進めていくとよいでしょう。

<table>
<tr><td>特別支援
（小中高）
・
集団</td><td colspan="2">プライベートゾーン（約束）</td></tr>
<tr><td colspan="3">指導のポイント</td></tr>
<tr><td colspan="3">・「見せない」「見ない」「触らない・触らせない」「人前で触らない」の約束事を知る
＊特に小4～小6の間</td></tr>
</table>

準備するもの　💿 パワーポイント

指導の実際

1）「見せない」「見ない」「触らない・触らせない」「人前で触らない」の約束事を知る

 今日はプライベートゾーンの4つの約束についてお話しします。

教材 パワーポイント教材を活用する。

これは何をしているかな？（やくそく①）

おしりを出してる！　下着が見えてる！

これは、○×どっちかな？

×（バツ）！　怒られるよ！

自分のプライベートゾーンは、人に見せません！
これは何をしているかな？（やくそく②）

スカートの中を見ようとしてる！　おしりを見ようとしてる！

これは、○×どっちかな？

93

× （バツ）！　怒られるよ！

他の人のプライベートゾーンは見ません！
これは何をしているかな？（やくそく③）

胸を触ってる！

これは、○×どっちかな？

× （バツ）！　怒られるよ！

　他の人のプライベートゾーンを触りません！　他の人に自分のプライベートゾーンを触らせません！
　これは何をしているかな？（やくそく④）

ちんちん触ってる！

これは、○×どっちかな？

× （バツ）！　見たくない！　怒られるよ！

他の人のいるところで、自分のプライベートゾーンを触りません！

　今、４つの約束を知りましたね。「見せない」「見ない」「触らない・触らせない」「人前で触らない」の４つの約束を守りましょう。自分も、自分以外の人たちも、どちらのプライベートゾーンも大事な場所なので、この約束を守りましょう。

養護教諭の指導への思い

　例えば、人前で自分の性器を触った背景は、実は性器がかゆくて触っていた、というようなケースもあります。また、子どもによっては羞恥心という概念自体がよくわからない、理解できていないということもあります。性教育を進める上では、次頁のコラムにある視点をしっかりと踏まえた上で、まずは「○×」で簡単にルールを教えていくことから始めています。その上で個々の背景に応じた対応をしていきたいと考えます。

性教育について

久保昌子

熊本大学教育学部附属特別支援学校の校内研修会でお話ししたことを紹介します。本書では、下記のポイントをふまえて、一人一人の子どもたちの実態に沿った性教育の実践を紹介されています。

◇◇◇◇◇◇◇◇◇◇◇◇◇◇◇◇◇◇◇◇◇◇◇◇◇◇◇◇◇◇◇◇

　健やかな体を育む教育の在り方に関する専門部会これまでの審議の状況―すべての子どもたちが身に付けているべきミニマムとは？―（中央教育審議会初等中等教育分科会教育課程部会：平成17年07月27日）において、「性教育」に関する具体例として次のように示されています。
「①教職員の共通理解を図るとともに、児童生徒の発達段階（受容能力）を十分考慮することが重要であること②家庭、地域との連携を推進し、保護者や地域の理解を十分に得ることが重要であること③集団指導の内容と、個別指導の内容の区別を明確にすること等」
　多様な家庭事情と個々の成長発達の過程にある子どもたちに対して性教育を行うに当たって、この3点は重要なポイントだと考えられます。これらを、熊本大学教育学部附属特別支援学校の性教育の取組に当てはめて考えてみました。
　①在籍する児童生徒の知的理解は個人差が大きいが、その理解の程度に合わせての教材づくりが行われている。また、研修会を持ち教員が協議し共通理解をはかっている。
　②送迎時や保護者茶話会等で保護者との連携をとり、保護者の困りを受け止め、子どもたちの実態から教材づくりをしている。
　③集団指導と個別指導のフィードバックが日常的に行われている。

　さらに、特別支援学校における性教育で大事にしたいことがらをお話ししました。
　○性教育は生涯に関わる教育（二次性徴の発現・性自認・男女交際・結婚・出産…）です。
　○プライベートゾーンは、性教育の基本であり、思春期の入り口から適切な指導を行うことが子どもの自己肯定感を高め、自分と他者への理解につながる基礎となります。繰り返しの指導が必要です。
　○保護者が二次性徴の発現を一緒に喜び、肯定的な態度をとれることが重要です。
　○性器いじり等の性的な問題を否定するのではなく、性衝動の発現として捉え指導していくとよいでしょう。性器の役割として、「①赤ちゃんのもとをつくるところ、②おしっこするところ、③触ると気持ちのよいところ」と説明しました。周りの大人が、性器の役割として、この3点を理解すると、子どもたちの二次性徴に対して否定的なメッセージを与えることを回避できると思います。
　○児童生徒が性に関して疑問を持ったときに適切な指導をすることが最も効果的です。集団指導だけでなく、日常的な個別指導によって子どもが腑に落ちることも多いです。
　○子どもたちに、人との「距離」を教えておくことは重要です。性被害や性加害の防止につながります。

特別支援（小中高）・集団　成長の過程

指導のポイント

・赤ちゃんから高齢者までの一生のイメージを持ち、自分が今、どの成長過程なのかを知る

＊特に小4〜小6の間

準備するもの　🔘 パワーポイント　🔘 ワークシート　🔘 イラスト

指導の実際

1）赤ちゃんから高齢者までの一生のイメージを持ち、自分が今、どの成長過程なのかを知る

教材 パワーポイント教材を活用する。

このイラストを見てください。この子は大人かな？　それともなあに？

> 赤ちゃん！

この人は？

> 子どもかな？　それとも、お兄さん？

そうですね、今から正解を言いますね。順番に、赤ちゃん、子ども、思春期、大人です。
みなさんは今、どこにいると思いますか？

> う〜ん…、子どもかな？

みなさんは今、ここです。子どもと大人の間です。この時期を「思春期」と言います。もう、子どもではありません。

+hint!+ 一人ずつ指し示していく、あるいはパワーポイントなら、一人ずつアニメーションを使って出していくと、情報量が限られていて、子どもによっては集中しやすいと思います。

　では、今からこのイラストを順番に並べてみましょう。ワークシートを配ります。ワークシートは２つ準備しています。

枠の大きさがおんなじだ！　ちょっと難しいけど、頑張るぞ！

教材 ワークシートと、イラストを活用する。

+hint!+ ワークシートは２種類準備します。すでに成長過程を理解している子どもには、難しいワークシートを渡して、モチベーションが高まるように配慮します。

　次はレベルアップした問題です。次のイラストを並べ替えてみましょう。

教材 残りのイラストを配付する。

養護教諭の指導への思い

　特別支援学校においても、小学校４年生頃から、保健の授業で思春期の体の変化を取り扱います。やがて来る初経や精通等の体の変化に備えるため、見通しを持って自分の成長を受け止められるように、心構えのためでもあります。その導入として、成長過程について取り上げます。人の一生のイメージをつかんでもらい、自分は今どこなのか、子どもなのか？　大人なのか？　を問います。初めて授業を受ける子は、子ども、と答えることが多いかもしれませんが、授業を重ねる中で、子どもと大人の間（思春期）というふうに捉えるようになります。やがて中学生になる、もう子どもではない自分、どんなふるまい、行動が適切なのかを考えるきっかけとしています（抱きつかない、べたべたしない等）。
　ワークシートは２種類準備して、すでに成長過程を理解している子には、難しいワークシートを渡して、モチベーションが高まるようにしています。

男子の体の変化（精通含む）

指導のポイント

・男子の体の変化を知る

・精通という変化があることを知る　　　　　　　＊体の変化を迎える前の小4〜

準備するもの　　🔘 パワーポイント

指導の実際

1）男子の体の変化を知る

今日は男の子の体の変化についてお話しします。子どもから大人に変化しています。どこが違うかな？　イラストを見て、気づいたことや、すでに知っていることでもいいので発表しましょう。

hint! やがて体に変化が現れたときに戸惑わないための心構えのための授業として位置づけます。とくに初めてこの内容を学習する小学部では、等身大のパネルやイラストに、毛を貼りつけたりする活動を取り入れると、動きがあってよいでしょう。

> 脇とか足に毛がはえている、声変わり、のどぼとけ…。

そうですね、体ががっしりしてきますね。

教材 パワーポイント教材を活用する。

2）精通という変化があることを知る

そして、今日はもう1つ、大事な体の変化について話をします。このイラストを見てください。ここをよく見てくださいね。ズボンのまたのところを見てください。どうなったかな？

> ズボンがでこぼこしてる！　ポコッとしてる！

　心配しなくて大丈夫です。大人に近づいている、しるしです。

　これを見てください。こんなふうに、ちんちんが大きくなったり固くなって、おしっこと違うものが出ることがあります。

　これを射精（初めての射精を精通）と言い、この出てきたものを、精液と言います。言葉は今は覚えなくても大丈夫です。

　おしっこじゃないものが出ることがあっても、病気じゃないので心配しなくて大丈夫です。でも、もし気になることや心配なことがあったら、家族や先生に話を聞いてもらいましょう。

　教　材 パワーポイント教材を活用する。

養護教諭の指導への思い

　男子の体の変化と精通については、じっくり時間をとって指導をしていきたい内容です。コンパクトに指導をする際のポイントは

　①こういった体の変化が起こることをわかりやすく示すこと（視覚的に）

　②病気ではないこと

　③大人に近づいたしるしであること／心配しなくて大丈夫

　④人前で大きな声で言ったりすることではないこと

　⑤気になることがあるときは、信頼できる大人（家族や先生）に話をする・相談する

　⑥個人差があること

といったことを押さえて指導をするとよいでしょう。

　やがて来る体の変化に対して、戸惑わずに受け止めることができるように、心構えのための指導と位置づけて実践を積み重ねていきたいところです。

<table>
<tr>
<td>

特別支援
（小中高）
・
集団

</td>
<td>

女子の体の変化（月経含む）

</td>
</tr>
</table>

指導のポイント

・女子の体の変化を知る

・月経（生理）という変化があることを知る　　　＊体の変化を迎える前の小4〜

準備するもの　🎵 パワーポイント　●実物の下着、生理用品　●子宮の型（模型・準備できれば）

指導の実際

1）女子の体の変化を知る

 　今日は女の子の体の変化についてお話しします。子どもから大人に変化しています。どこが違うかな？　イラストを見て、気づいたことを発表しましょう。

> 胸が大きい。ふっくらしている。

　そうですね、胸が大きくなったり、腰のあたりがふっくらしていますね。脇や性器にも毛がはえてきています。体の変化には個人差があります。

　まずは胸についてです。胸が大きくなってくるとこんなふうに下着をつけます。実際に下着を見てみましょう。

教　材 パワーポイント教材、実物の下着を活用する。

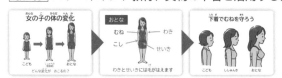

◆**hint!◆** 実物を触ったり手にとってもらったりすることでイメージしやすくなります。

2）月経（生理）という変化があることを知る

　そして、今日はもう1つ、大事な体の変化について話をします。

 　それは生理についてです。月経とも言いますが、今日は日頃使っている「生理」という言葉を使います。このイラストを見てください。ここをよく見てくださいね。パンツのところを見てください。どうなっているかな？

100

血がついている！

　このパンツについている血は経血と言います。これは、体の中の子宮という場所から出てくるものです。子宮は赤ちゃんが育つベッドです。生理は、だいたい毎月、7日間くらいあります。病気ではありません、心配しなくて大丈夫です。
　大人に近づいている、しるしです。

　これを見てください。生理は、こんなふうに、1ヵ月に一度、赤ちゃんのベッドがきれいなベッドになるために、子宮内膜という血液を含んだものが性器から流れ出てくることをいいます。

hint! パワーポイントと併せて、体のどこに子宮があるのかをイメージしやすくするために、紙や布でつくった実物大の子宮の模型を、教師が実際に体に当てて示しながら指導をするとよいでしょう。

　性器の場所は、またのところです。おしっことうんちが出るところはどこですか？　そうですね、おしっことうんちが出るところの間に、性器という場所があります。ここから生理の血が出てきます。

　次に生理の手当のことを学習しましょう。
　まず、ポーチ、ナプキン、生理用ショーツを準備します。
教材 ポーチ、ナプキン、生理用ショーツを準備する。
hint! 実際に実物を手にとって指導します。子どもの好む柄のショーツを準備できるとよりよいでしょう。

かわいい！

　こんなふうに、ショーツにナプキンをつけてみましょう。実際にやってみましょう。

　次に実際に捨てることもやってみましょう。丸めて、つつんで、専用の容器に捨てましょう。トイレに流してはいけません。ゴミ箱に捨ててもいけません。生理のときは、女子トイレでナプキンを交換しましょう。

hint! トイレのサニタリーボックスだけではなく、普通のごみ箱のイラストも示して、どちらに捨てるかたずねるとよいでしょう。実物の２つを準備して、実際にどちらに捨てるかを試してみるのもよいでしょう。

　最後に、生理のときの３つのマナーについてです。
　大きな声で生理が来ました！　と言いません。
　生理のことは、小さな声で、女の先生に話しましょう。周りの人が、大きな声で言っているのを聞くとはずかしいですよ。
　そして、人前でパンツに手を入れたり、おしりやまたを触りません。特に生理のときにパンツに手を入れると、手に血がつきますよ。

　たくさんのことを今日は学習しましたね。こんなことがこれから自分にあるんだな、と知ることが大事です。そして生理は病気ではないので、心配しなくて大丈夫ですよ。大人に近づいた、嬉しいこと、大事なしるしです。

教材 パワーポイント教材を活用する。

養護教諭の指導への思い

　女子の体の変化と生理については、男子のときと同様、じっくり時間をとって指導をしていきたい内容です。やがて変化が来たときに戸惑わないための、心構えのための授業として位置づけます。コンパクトに指導をする際のポイントは男子と同じですが（99頁「養護教諭の指導への思い」参照）、とくに女子は実物の下着や生理用のナプキン等を準備して、実技を入れていくとよいでしょう。

特別支援（小中高）・集団 羞恥心（はずかしい）について

指導のポイント

・はずかしい場面・状況を知り、周囲の人がどう思うのかを考える

準備するもの 🔘 パワーポイント 🔘 ワークシート

指導の実際

1）はずかしい場面・状況を知り、周囲の人がどう思うのかを考える

今日は、素敵な大人になるための、マナーについての学習をします。"はずかしいってなあに？"についてです。

教材 ワークシート、パワーポイント教材を活用する。

今からクイズをします。学校編です。このイラストを見てください。これは○×、どっちかな？

×！　よくわからない…。

では、この下着が見えている子を見て、この女の子はどう思っているかな？

はずかしそう。困っているみたい。

　そうですね、女同士、男同士でも、下着を見るとはずかしいですね。着替える
ときはカーテンを閉めること、着替えの途中でカーテンの外に出てこないように
しましょう。

　第2問のクイズです。今度は家庭編です。お風呂に入る前、服を脱ぐのはどっ
ちでしょう？
　テレビのあるリビングで脱ぐと、見ている家族ははずかしいですね。

　では次のクイズです。お風呂の後に、体を拭く場所はどっちでしょう？
　人のいるところで着替えをすることは、はずかしいことです。家の中で人がい
るところは、リビングなどですね。着替えをするときにプライベートゾーンや下
着が見えると、それを見た家族もはずかしいです。着替えるときや体を拭くとき
は、脱衣所でしましょう。

養護教諭の指導への思い

　特別支援教育を必要とする子どもたちの中には、"羞恥心"がピンとこない子もいます。例えば、「他
者のプライベートゾーンや下着姿を見て"はずかしい"」、あるいは、「自分のプライベートゾーンや下
着姿を見られて"はずかしい"」ということが、よく理解できないため、性被害等にあうリスクが危惧
されます。

　"はずかしい"ことへの実感、理解につなげるために、まずは、「周りが見てどう思うか…、すなわ
ち"はずかしい"と思うんだよ」というところから、何度も何度も繰り返し指導を積み重ねていくこ
とが重要と考えます。実態に応じた場面設定をして授業で取り扱う必要性を感じています。

<table>
<tr><td>特別支援
（小中高）
・
個別</td><td>見通しを持って安心して
ワクチン接種を受けよう</td></tr>
</table>

指導のポイント

・ワクチン接種に見通しを持つ
・手順書をもとに実際の流れを体験する

準備するもの 📀 資料プリント（注射をします・手順書）　●模擬の注射器（注射器のイラストでもよい）

指導の実際

1）ワクチン接種に見通しを持つ

 今日は、注射（ワクチン接種、予防接種等、表現は子どもに応じて）の学習をします。

> 注射きらい！　いやだ！　怖い！　もう終わり！

　注射がきらいなんだね。今日は、安心して注射を受けることができるように、一緒に学習しようね。
　学校で練習するときは、本当に注射をするわけではないからね。針を刺したりはしないからね。今日は、どんな流れで注射をするのかを知ろうね。

> そうなんだ！

2）手順書をもとに実際の流れを体験する

 これは、安心して注射を受けるための手順書です。これを見ながら、実際に練習をやってみようね。
　教材 資料プリント（注射をします）を見せる。

♦hint!♦ 約束事は子どもに応じて省略したり追加したり等、自由にカスタマイズするとよいです。また、模擬の注射器（子ども用のおもちゃや、注射器のイラストを貼った先のとがっていない丸いペン等）を作成して、注射のデモンストレーションをするとよいでしょう。

まず、お医者さんに挨拶をします。そしていすに座ります。

> よろしくお願いします。

そして、服の袖を、肩までまくります。半袖を着ていってもいいですね。消毒をします。そしてお医者さんが注射をします。

> いやだ（逃げようとする）！

チクッと痛いけど、大丈夫です。絶対に動きません。針にも触りません。（黙ってじっとしている）そうです、上手です。このまま 10 数えるので、その間は動きません。針を触りません。

1・2・・・・・・・・・9・10。よくできました。注射が終わりました。いすから立ちます。お医者さんにお礼を言いましょう。

> ありがとうございました。

頑張って注射ができましたね。「怖くても動かない」ことを頑張りました。挨拶も上手にできました。すばらしいです。きっと病院で上手にできますよ。

養護教諭の指導への思い

コロナ以前から、ワクチン接種を受けることができない、病院に行ったら3人〜4人がかりでやっと注射をしている等の相談が保護者からありました。

子どもたちが見通しを持って安心してワクチン接種を受けられるよう、先生方と相談して手順書を作成し、本番を想定したシチュエーションで（管理職の先生方等が医療者の役を演じてくれました）練習を複数回経験することで徐々に慣れ、注射当日は落ち着いて受けることができました。

体重管理について
（数値でのカロリーの理解が難しい子に対して、
　スケールを用いた指導）

指導のポイント

・スケールを用いてカロリーを理解し、体重を管理する

準備するもの ●マスキングテープなど　●カロリーブック

指導の実際

1）スケールを用いてカロリーを理解し、体重を管理する

今日は、〇〇さんが普段食べている食事について学習します。

> 唐揚げ！　やきとり！　お饅頭！　大好き！

カロリーって知ってるかな？

> なあに？　よくわからない。聞いたことはあるけど…。

　このテープを見てください。これが、〇〇さんが1日に食べていい食事の量です。〇〇さんは2400カロリーです。

教材 1日に必要なカロリーを想定した長さのマスキングテープなどを用意する。

1日に必要なカロリー

　では、〇〇さんがある日、大好きな豚バラの串焼きを4本食べました。そして、大好きなご飯は、大盛りで食べました。唐揚げを5個食べました。さらに、お店のポテト（Mサイズ）を食べました。

教材 カロリー計算した食べ物に対応したマスキングテープを活用する。

✦hint!✦ 子どもたちの好きな食べ物をカロリー計算した上でマスキングテープに示して、つなげて貼ることで、自分の食べたカロリーを視覚的に理解することができます。

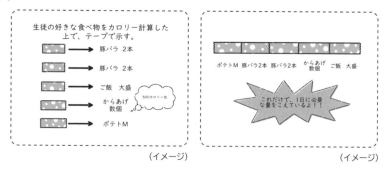

（イメージ）　　（イメージ）

> どうしよう、もう1日に必要な分のテープを超えてしまったよ。

そうだね。もう超えちゃったね。〇〇さんは、もっと食べてる？

> うん、朝ご飯に卵サンドを食べた。あとお店ではハンバーガーを食べたりコーラも飲んだよ。夜、お饅頭も食べた。あとは…。

（テープを追加して貼りながら）これを見てどう思った？

> すっごく食べすぎてた！　わかったよ、食べる量を減らさないと！

養護教諭の指導への思い

　知的障がいの子どもの中には、数値での理解が難しい子も多くいます。そのため、自分が食べている量が多いのか少ないのかということ自体がピンときていないケースもあります。また、視覚的な支援や手立ては入りやすい子も多いです。今回は視覚的な支援が入りやすい子に行う一例を紹介します。

　まず、テープで本人の適正カロリーを示します。その下に普段食べているものを色の違うテープで、「唐揚げ5個」等記入して、貼っていきます。そうすることで、テープがどんどん増えていって、最後は適正カロリーをオーバーするのが一目でわかるため、"食べすぎてた！"と本人が実感を持って気づくことができ、その後の体重増加に歯止めがかかったケースもあります。

　子どもの実態・課題・アプローチする手立てを、家庭と足並みをそろえて連携することはとても大事です。また、栄養教諭と一緒に取り組むことで、指導のアイデアが広がるかと思います。

　本人が実感を持って自分事として理解することで、行動変容につなげられると感じています。

参考文献

[中学校]

● 『エンカウンターで学級が変わる　Part.3 中学校編』

國分康孝監修、図書文化社、1999 年

● 『エゴ・レジリエンスでメゲない自分をつくる本』小野寺敦子、一藝社、2015 年

● 『レジリエンスの心理学』小塩信司・平野真理・上野雄己編著、金子書房、2021 年

● 「質問紙によるレジリエンスの測定 ─妥当性の観点から─」

小塩真司、臨床精神医学、41、151-156、2012 年

● 『実践！　ストレスマネジメントの心理学』

高山恵子、平田信也、本の種出版、2017 年

● 『学校で使える５つのリラクセーション技法』藤原忠雄、ほんの森出版、2006 年

● 『支援者のための災害後のこころのケアハンドブック』

小林朋子ら、静岡大学防災総合センター、2011 年

● きりん鍼灸整骨院ウェブサイト「ストレートネック」

● 古河いけがき皮膚科ウェブサイト

● 「性同一性障害や性的指向・性自認にかかる、
　児童生徒に対するきめ細かな対応等の実施について（教職員向け）」文部科学省

● 頭痛─る：起圧予報で体調管理　ウェブサイト

● マルホ株式会社ウェブサイト「ニキビ一緒に治そう project」

● 命育ウェブサイト「10 代・からだ女子論」

[特別支援学校]

● 『ワークシートから始める特別支援教育のための性教育』

松浦賢長、千葉県立柏特別支援学校、ジアース教育新社、2018 年

● 『パワポ絵本　ドキドキワクワク性教育』

平原史樹、村瀬幸浩、早乙女智子、岩室紳也監修、少年写真新聞社、2015 年

● 『視覚シンボルで楽々コミュニケーション』

ドロップレット・プロジェクト編、エンパワメント研究所、2015 年

[高等学校]

● 「知ることからはじめよう　みんなのメンタルヘルス」厚生労働省

本書付録の CD-ROM について

付録の CD-ROM には、本書に掲載した教材の一部が収録されています。
CD-ROM に収録した教材は、準備するものにロゴマークを付記しています。

【動作環境】
・付録の CD-ROM は、Windows10 を搭載したパソコンで動作確認をしています。
・PDF ファイルの利用には Adobe Reader / Adobe Acrobat が、パワーポイント
教材の利用には Microsoft PowerPoint がご使用のパソコンにインストールされて
いることが必要です。
　※ Adobe Reader は、アドビシステムズ社のウエブサイトから無償でダウンロー
ドできます。

【ご使用にあたって】
・CD-ROM に収録されたデータは、非営利の場合のみ使用できます。ただし、下記
の禁止事項に該当する行為は禁じます。なお、CD-ROM に収録されたデータの著
作権、また使用を許諾する権利は、本書編著者・株式会社東山書房が有するものと
します。

【禁止事項】
・本製品中に含まれているデータを本製品から分離または複製して、独立の取引対象
として販売、賃貸、無償配布、貸与などをしたり、インターネットのホームページ
などの公衆送信を利用して頒布（販売、賃貸、無料配布、貸与など）することは営利・
非営利を問わず禁止いたします。また、本製品販売の妨げになるような使用、公序
良俗に反する目的での使用や名誉棄損、そのほかの法律に反する使用はできません。
・以上のいずれかに違反された場合、弊社はいつでも使用を差し止めることができる
ものとします。

【免責】
・弊社は、本製品に関して如何なる保証も行いません。本製品の製造上の物理的な欠
陥については、良品との交換以外の要求には応じられません。
・本製品を使用した場合に発生した如何なる障害および事故等について、弊社は一切
責任を負わないものとさせていただきます。
・CD-ROM が入った袋を開封した場合には、上記内容等を承諾したものと判断させ
ていただきます。

●著者から読者の方へ

河嶋里亜
（かわしま・りあ）　◎熊本大学教育学部附属中学校　養護教諭
保健室には、日々様々な悩みや相談事が寄せられますが、その対応は待ったなしで、じっくり考える余裕のないことが多いものです。そこで、「いつでもどこでも」保健の指導ができるよう、子どもたちの実態を踏まえた資料をまとめました。これらが、またどこかの保健室で、養護教諭の関わりの一助となり、子どもたちの"未来を健康に生きる力"につながることを願っています。

後藤純子
（ごとう・じゅんこ）　◎熊本大学教育学部附属特別支援学校　養護教諭
保健の指導をするにあたり、これまで多くの先生方が積み重ねてこられた実践を踏まえて、同僚の先生方及び熊本大学の久保先生からも多くの助言をいただきました。試行錯誤を繰り返した実践でありますが、今回、拙いながら、ミニ指導としてもできるようコンパクトにまとめました。子どもたちが性被害・性加害どちらにもならないよう、心身ともに健康に暮らせるよう願いを込めて、先生方の日々の実践の一助となれば幸いです。

阪田直
（さかた・なお）　◎同志社中学校・高等学校　養護教諭
「自分で自分の心とからだを大切にできる人に」という願いを込めて、保健指導をしています。今回、私は日常的に実践している保健指導をまとめました。近年の生徒からの要望に沿ったものが中心です。生徒が「なるほど！」と納得できること、継続的に関わることができることにポイントを置いて工夫をしました。多忙な日々かもしれませんが、目の前の子どもたちと一緒に楽しく活用していただければ幸いです。

杉本芙美子
（すぎもと・ふみこ）　◎京都市養護教諭
やがて社会人となる生徒の健康課題について保健指導する際に「三方よし」になることを大きな目標と考えました。近江商人が提唱した売手よし・買い手よし・世間よしを学校版に置き換えると生徒よし・学校よし・社会よしになるのではと。生徒が健康教育によって健康になれば生徒よし！教育の効果が上がれば学校よし！そして社会人となり自己実現を目指していけば、おのずと社会もよし！に。関わった生徒たちが幸せになれば養護教諭もよし！になり、四方よし！に。そんな願いを込めました。

森佐恵子
（もり・さえこ）　◎京都教育大学附属京都小中学校　養護教諭
けがをしたとき、しんどいとき。モヤモヤするときに訪れる保健室。そんなときこそ自分のからだをみつめる"チャンス"。この機会を逃さず、子ども自身を教材にした保健指導ができれば。そう願いながらも、限られた時間で咄嗟にフィットする言葉はなかなかスッと出てきません。「簡潔に・すぐにできそうなことを・そっとささやける引き出し」を増やせる1冊になればと思います。保健室をあとにする子どもたちの後ろ姿が少しでも軽やかになれば嬉しいです。

山部真理
（やまべ・まり）　◎熊本市養護教諭
子どもたちの心とからだが元気に成長するように、指導したいことはたくさんありますよね。でもなかなか時間がとれなかったり、これまであった時間が削られたり…という先生方も多いと思います。ポイントを押さえて短時間でできる指導のネタがあると、既存の時間をうまく活用した指導も可能になりますよね。私がこれまで実践してきた拙い内容が、たくさんの保健室のお役に立ち、子どもたちを笑顔にするお手伝いになれば嬉しいです。

短時間でできる！ いつでもどこでも保健の指導　中学校・特別支援学校・高等学校・小中学校連携 編

2023年 5月 10日　初版発行

編　者　久保昌子
著　者　河嶋里亜・後藤純子・阪田直・杉本芙美子・森佐恵子・山部真理
デザイン・教材制作　株式会社ワード
イラスト　松原徳子
発 行 者　山本敬一
発 行 所　株式会社東山書房
　　　　　〒604-8454　京都市中京区西ノ京小堀池町 8-2
　　　　　TEL：075-841-9278　050-3486-0489（IP）／ FAX：075-822-0826
　　　　　https://www.higashiyama.co.jp
印　　刷　創栄図書印刷株式会社